거장들의 시크릿 05

제인 구달

제인 구달

순수한 사랑과 열정으로
인생을 가꿔라

글 이봉 | 그림 권오현

살림어린이

프롤로그

순수한 사랑과 열정으로 인생을 가꾸라
제인 구달

　　　　　제인 구달은 야생 침팬지에 대해 누구보다 잘 아는 동물 행동학자이자 지구 환경을 살리기 위해 온 마음을 다해 노력하는 환경 운동가예요. 동물에 대해서 배운 적도 없고, 주변에서 도와주는 사람도 없었지만, 야생 동물을 향한 순수한 열정과 사랑으로 마침내 꿈을 이루었지요.

　제인 구달은 어릴 때부터 동물을 무척 좋아했어요. 아프리카에 가서 동물들을 연구하는 것이 꿈이었지요. 암탉이 알을 낳는 모습을 보려고 닭장 안에서 몇 시간 동안 기다리기도 하고, 친구들을 모아 자연 관찰 클럽을 만들기도 했어요. 하지만 제인 구달은 동물에 대해서 제대로 배울 수 없었어요. 집안 형편이 어려워 대학교에 갈 수 없었기 때문이에요. 그래도 제인 구달은 꿈을 접지 않았어요. 언젠가 아프리카로 떠나는 날을 위해서 동물들에 관한 책을 읽고, 늘 마음의 준비를 했어요.

　'하늘은 스스로 돕는 사람을 돕는다.'는 말이 있어요. 자신의 꿈을 이루기 위해 날마다 쉬지 않고 노력한 제인 구달은 결국 아프리카로 떠나게 되었지

요. 그리고 그토록 바라던 야생 침팬지 연구를 할 수 있었어요.

　세상에는 많은 동물 행동학자가 있지만, 누구나 다 제인 구달처럼 존경을 받는 것은 아니에요. 제인 구달은 야생 침팬지에 대한 연구뿐 아니라 지구 환경을 지키기 위해서도 온 마음을 다했어요. 자신의 뜻을 알리기 위해 쉬지 않고 강연을 다니고, 환경 운동을 펼쳐 많은 사람들에게 감동을 주었지요.

　이 책을 읽는 여러분이 생명의 소중함을 깨닫고, 여러분이 바로 지구를 지키는 뿌리와 새싹이라는 자부심을 가지길 바라요.

차례

1 닭장에서 나오지 않는 아이 • 8
  시크릿 포인트 : 끈기를 길러라 • 22

2 악어 클럽 소녀들 • 24
  시크릿 포인트 : 몸을 움직여 많은 체험을 하라 • 40

3 꿈을 향한 첫걸음 • 42
  시크릿 포인트 : 진정 원하는 꿈은 버리지 마라 • 58

4 루이스 리키 박사와 만나다 • 60
  시크릿 포인트 : 기회를 기다리는 동안 준비를 철저히 하라 • 76

5 동물을 사랑하는 법 • 78
  시크릿 포인트 : 마음이 담긴 원칙을 만들어라 • 90

6 연구원이 된 제인 구달 • 92
　시크릿 포인트 : 선택은 신중하게 하라 • 110

7 곰비 국립공원 • 112
　시크릿 포인트 : 목표를 향해 온 힘을 다하라 • 124

8 침팬지 데이비드 • 126
　시크릿 포인트 : 자신만의 방법으로 창의력을 키워라 • 142

9 계속되는 연구와 새로운 도전 • 144
　시크릿 포인트 : 행동으로 옮기는 습관을 들여라 • 164

10 뿌리와 새싹 운동 • 166
　시크릿 포인트 : 오래가는 행복을 위해 노력하라 • 182

1 닭장에서 나오지 않는 아이

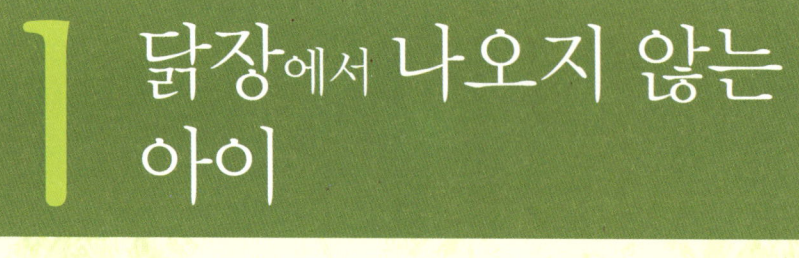

제인 구달이 숨어 있다는 걸 눈치 채지 못한 암탉이 둥우리로 들어가 앉았다. 제인 구달은 숨을 죽이고 지켜보았다. 지푸라기가 다리에 닿아 몹시 간지러웠지만 움직일 수가 없었다. 조금이라도 움직여 닭이 나가 버린다면 여태껏 참은 게 헛수고가 될 것이란 걸 잘 알고 있기 때문이었다.

"룰룰루, 달걀!"

올해 다섯 살이 된 제인 구달은 콧노래를 흥얼거리며 달걀 바구니를 챙겨 들었다.

"더 있다 가는 게 좋을걸. 아직 다 낳지 않았을 거야."

어머니의 말에 제인 구달은 그만 실망하고 말았다. 하는 수 없이 바구니만 만지작거리다가 십 분도 지나지 않아 슬그머니 밖으로 나갔다.

"달걀 거두러 다니는 게 저리 좋을까!"

어머니는 제인 구달의 뒷모습을 바라보며 웃었다.

제인 구달은 동생 주디 구달, 그리고 부모님과 함께 영국 켄트에 있는 할머니 댁으로 와 살고 있었

다. 할머니 댁으로 오기 전에는 제인 구달이 태어난 런던에서 살다가 프랑스로 이사를 갔다. 그런데 프랑스로 간 지 얼마 되지 않아 제이 차 세계 대전이 터졌다. 제인 구달네 가족은 전쟁을 피해 영국 런던으로 돌아가려고 했다. 하지만 런던에 있던 집이 그새 팔려 버려서 잠시 할머니 댁으로 온 것이었다. 할머니 댁은 제인 구달의 아버지가 어린 시절을 보낸 곳으로 켄트 지방에 있는 아름다운 저택이었다.

저택 옆에 딸린 농장 안에는 닭을 가둬 키우는 커다란 울타리가 있었다. 이 울타리 안에 닭장이 다섯 개 있었다. 닭들은 닭장 안 *둥우리에 달걀을 낳았다. 그런데 농장의 수풀 속 아무 데나 알을 낳는 닭이 더 많았다. 제인 구달은 수풀 속을 뒤지는 게 *부활절 달걀 찾기 놀이 같아서 아주 재미있었다.

제인 구달이 울타리 안으로 들어가니 암탉 한 마리가 꼬꼬댁거리며 닭장에서 막 나오고 있었다. 암탉이 조금 전에 달걀을 낳았음을 눈치챈 제인 구달은 얼른 닭장으로 들어갔다. 둥우리 안에 갓 낳은 달걀 한 개가 있었다. 제인 구달은 조심스럽게 달걀을 집어 볼에 대 보았다.

"아, 따뜻해!"

그때까지 달걀에는 암탉의 온기가 남아 있었다. 제인 구달은 달걀을 바구니에 담으며 중얼거렸다.

"달걀은 어디로 나오는 걸까?"

오래전부터 궁금했던 일이었다. 그동안 암탉을 꼼꼼히 살펴보았지

---

* **둥우리** | 새가 알을 낳거나 깃들이기 위하여 둥글게 만든 집.
* **부활절** | 예수가 부활한 것을 기념하는 날.

만 달걀이 나올 만큼 커다란 구멍은 찾을 수 없었다. 제인 구달은 곰곰이 생각해 보았다.

'맞다, 그렇게 하면 되겠다!'

제인 구달은 얼른 밖으로 나왔다. 아무에게도 물어보지 않고, 혼자 힘으로 알아볼 참이었다.

마침 다른 암탉 한 마리가 닭장으로 들어가는 게 보였다. 제인 구달은 암탉을 뒤쫓아 들어갔다. 이번에는 어디로 달걀이 나오는지 꼭 볼 작정이었다.

제인 구달이 따라 들어가자 암탉은 둥우리에 앉지 못하고 서성거렸다. 제인 구달은 암탉에게 말했다.

"어서 달걀을 낳아 봐! 어디로 나오는지 보고 싶어."

그러나 암탉은 들은 척도 하지 않았다. 제인 구달이 어서 나가 주기만을 기다리며 서성거렸다. 그런데도 제인 구달이 자리를 피해 주지 않자 결국 암탉은 밖으로 나가 버렸다.

제인 구달은 다음 날도 암탉이 둥우리로 들어가기만 기다렸다가 따라 들어갔다. 그러면 암탉은 놀라서 어김없이 밖으로 나가 버렸다. 제인 구달은 며칠 동안 애를 썼지만, 알 낳는 모습을 볼 기회를 도무지 얻을 수가 없었다.

얼마 지나지 않아 제인 구달은 그 방법이 통하지 않는다는 걸 알았다. 암탉은 사람이 보는 데서는 알을 낳지 않으려 한다는 걸 깨달은 것이었다.

'좋아, 그렇다면 암탉보다 내가 먼저 닭장에 들어가서 기다리면 되겠다!'

제인 구달은 다음 날 암탉보다 먼저 닭장으로 들어갔다. 그리고 둥우리 뒤쪽에 쭈그려 앉아 숨었다.

그러나 제인 구달이 한참을 기다려도 암탉이 들어오지 않았다. 어찌 된 일인지 그날따라 암탉은 올 시간이 지나도록 들어오지 않았다. 날은 덥고 닭똥 냄새가 풀풀 풍겼다. 다리까지 저려 왔다. 하지만 제인 구달은 꾹 참고 기다렸다. 지푸라기 사이에 몸을 숨기고, 네 시간을 그렇게 앉아 있었다. 같은 자세로 마냥 기다리고 있으려니 나중에는 졸음마저 쏟아졌다.

감기는 눈을 부릅뜨며 버티고 있을 때, 드디어 암탉 한 마리가 들어왔다. 제인 구달은 정신이 번쩍 들었다.

'드디어 알 낳는 걸 볼 수 있겠다. 암탉이 놀라지 않게 조용히 보기만 해야지.'

제인 구달이 숨어 있다는 걸 눈치 채지 못한 암탉이 둥우리로 들어가 앉았다. 제인 구달은 숨을 죽이고 지켜보았다. 지푸라기가 다리에 닿아 몹시 간지러웠지만, 움직일 수가 없었다. 조금이라도 움직여 닭이 나가 버린다면 여태껏 참은 게 헛수고가 될 것이란 걸 잘 알고 있기 때문이었다.

오래도록 가만히 앉아 있던 암탉이 마침내 천천히 몸을 일으켰다. 제인 구달에게 등을 보인 채 궁둥이를 들어 보인 자세였다. 그러자 두 다리 사이에서 둥글고 하얀 것이 조심조심 나왔다. 제인 구달은 신기하고 놀라 입이 저절로 벌어졌다. 눈도 깜짝할 수 없었다.

'이럴 수가! 내 눈을 믿을 수가 없어.'

점점 커진 하얀 물체는 암탉이 가볍게 몸을 흔드는 순간, 소리도 없이 둥우리 속 지푸라기 위로 내려앉았다. 그것은 바로 제인 구달이 그토록 기다리던 달걀이었다. 달걀이 빠져나온 곳은 원래대로 쏙 오므라들어 구멍이 사라져 버렸다. 암탉은 대견한 듯 부리로 달걀을 한 번 굴려 보고 둥우리에서 내려갔다. 그런 다음 자기는 할 일을 했다는 듯이 꼬꼬댁거리며 닭장을 나갔다.

'아하, 암탉은 똥 누는 곳으로 달걀을 낳는구나!'

제인 구달은 기뻐서 얼굴이 발갛게 달아올랐다. 오랫동안 궁금했던 것을 알아낸 흥분이 가라앉지 않았다. 어서 엄마에게 알리고 싶었다.

제인 구달은 쭈그리고 있던 다리가 아픈 줄도 모르고 집으로 달렸다.

이 무렵 제인 구달네 집에서는 난리가 나 있었다. 점심때가 지나고 해가 서쪽으로 기울어도 제인 구달이 보이지 않기 때문이었다. 부모님은 온 동네를 돌며 제인 구달을 찾았다.

"제인, 어디 있니? 제인!"

"언니, 어디에 있는 거야? 내 목소리 들려?"

"도대체 제인은 어디 갔지?"

하지만 식구들이 온 집 안을 둘러보고, 동네를 뒤져도 제인 구달은 보이지 않았다. 어린 제인 구달이 그 많은 시간을 닭장에서 보내리라고는 아무도 생각하지 못했다.

제인 구달은 닭을 관찰하느라 식구들이 자신을 부르는 소리를 듣지 못했다. 만약 들었더라도 암탉에게 들키지 않으려고 대답하지 않았을 것이다.

"우리 제인이 없어진 지 네 시간도 넘은 것 같은데, 무슨 일이 생겼으면 어떡하죠?"

"아무래도 경찰에 신고해야겠군."

걱정에 싸인 어른들이 경찰에 실종 신고를 해야겠다고 할 때였다.

제인 구달이 닭장 쪽에서 쏜살같이 달려오며 소리쳤다.

"엄마 아빠! 봤어요. 달걀이 어떻게 나오는지, 제가 봤어요. 똑똑히 봤다니까요!"

"제인, 여태 어디 있었던 거니?"

어머니는 걱정이 풀려 반가움과 놀라움이 겹친 목소리로 물었다. 제인 구달은 여전히 달뜬 목소리로 외쳤다.

"암탉이 궁둥이에 힘을 주니까, 달걀이 퐁 나왔다니까요."

"세상에, 어린것이 그걸 보려고 여태 닭장에 있었다니……."

어머니는 제인 구달을 찾느라 몹시 걱정하고 놀랐지만, 화를 내거나 나무라지 않았다. 알고 싶은 걸 알아낸 기쁨에 젖은 제인 구달을 오히려 다독거려 주었다.

"잘했다, 잘했어. 이제 속 시원하겠구나."

제인 구달은 그러는 사이에도 자기가 보았던 장면에 대해 자랑스럽다는 듯 설명을 늘어놓았다.

"달걀은요, 처음 나올 때는 말랑말랑해 보였어요! 그리고 암탉은 달걀이 나올 때 하나도 아프지 않은가 봐요."

네 시간이 넘도록 힘든 것을 참으며 암탉을 관찰한 제인 구달은 오래도록 들떠 있었다. 그리고 궁금한 것을 알아낸 그 기쁨을 주빌리에게도 들려주었다.

"주빌리, 내가 재미있는 걸 알려 줄게. 있잖아, 암탉은 조용한 곳에서 달걀 낳는 걸 좋아한단다."

주빌리는 제인 구달이 가장 아끼는 헝겊 인형으로, 세 살 생일 때 아버지가 선물로 사 준 침팬지 인형이었다. 제인 구달은 침팬지 인형 주빌리를 친구처럼 아끼며 좋아했다. 하지만 사람들은 제인 구달이 안고 있는 주빌리를 보고, 깜짝 놀라며 혀를 끌끌 찼다.

"어머나, 귀엽고 예쁜 것도 많은데 저렇게 흉측한 동물 인형을 사 주다니……."

"저런 게 뭐가 좋다고 끌어안고 다니는 걸까요?"

"그러게 말이에요. 사람을 잡아먹는 침팬지잖아요."

그 시절 사람들은 침팬지가 숲 속에 숨어 있다가 지나가는 사람을 공격하는 난폭한 짐승으로 알고 있었다. 그러나 동물을 사랑하는 제인 구달은 침팬지 인형에게 주빌리라는 이름을 붙여 주고, 살아 있는 생명체처럼 보살폈다.

제인 구달은 암탉뿐만이 아니라 어려서부터 모든 동물에 대해 호기심이 많았다. 또 단순한 호기심에 그치는 것이 아니라 기어이 궁금한 것은 답을 알아내야 직성이 풀렸다.

하루는 어머니가 제인 구달 방에 들어왔다가 깜짝 놀라고 말았다.

방바닥에 지렁이 여러 마리가 꿈틀꿈틀 기어 다니고 있었기 때문이었다. 제인 구달은 아무렇지도 않은 듯 방바닥에 엎드려 그 지렁이들을 들여다보고 있었다.

"어머나, 제인! 이게 도대체 뭐니?"

"지렁이예요. 제가 마당에서 데려왔어요."

제인 구달은 여전히 지렁이에게서 눈을 떼지 않은 채 대답했다. 어머니는 놀란 가슴을 진정시키며 다시 물었다.

"지렁이라는 것은 나도 안단다. 그런데 마당에 사는 지렁이를 왜 방 안까지 데려온 거니?"

"자세히 관찰하려고요. 엄마, 이것 좀 보세요. 정말 신기해요. 다리도 없는 지렁이가 이렇게 기어 다니잖아요."

제인 구달은 다리도 없는 지렁이가 어떻게 기어 다닐 수 있는지 궁금해 방까지 가지고 들어와 관찰한 것이었다. 대답을 들은 어머니는 그제야 고개를 끄덕이며 따뜻한 목소리로 일러 주었다.

"제인, 지렁이는 축축한 흙에서만 살 수 있어. 이렇게 마른 방 안에 두면 금방 죽고 말아. 그러니까 마당에 내놓고 마저 관찰을 하는 게 어떻겠니?"

방 안에서는 지렁이가 죽는다는 말에 제인 구달은 깜짝 놀랐다.

"지렁이는 방 안에서 못 살아요?"

"그럼. 우리 사람과는 다른 생물이잖니. 지렁이뿐만이 아니야. 살아 있는 것들을 사람 마음대로 가둬 두면 안 돼. 자기가 살던 대로 두지 않으면 자칫 죽을 수도 있거든. 자, 어서 지렁이들을 마당으로 데려다 줘라."

제인 구달은 혹시라도 지렁이가 죽을까 봐 허둥지둥 마당으로 나가 축축한 흙 위에 조심스럽게 지렁이를 놓아 주었다. 그런 다음 지렁이를 들여다보고 또 들여다보았다.

시크릿 포인트
Secret Point 1

끈기를 길러라

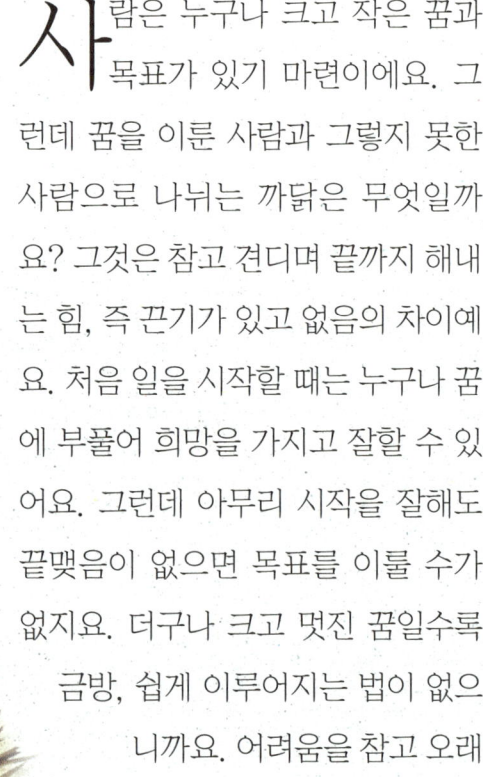

사람은 누구나 크고 작은 꿈과 목표가 있기 마련이에요. 그런데 꿈을 이룬 사람과 그렇지 못한 사람으로 나뉘는 까닭은 무엇일까요? 그것은 참고 견디며 끝까지 해내는 힘, 즉 끈기가 있고 없음의 차이예요. 처음 일을 시작할 때는 누구나 꿈에 부풀어 희망을 가지고 잘할 수 있어요. 그런데 아무리 시작을 잘해도 끝맺음이 없으면 목표를 이룰 수가 없지요. 더구나 크고 멋진 꿈일수록 금방, 쉽게 이루어지는 법이 없으니까요. 어려움을 참고 오래

도록 노력해야만 해낼 수 있는 일이 보람도 큰 법이잖아요?

　제인 구달은 어려서부터 한번 마음먹은 일은 끈기를 가지고 꼭 해냈어요. 궁금한 것이 있으면 어떻게 해서든지 호기심을 풀고 말았지요. 암탉이 알을 어디로 낳는지 알아내려고 네 시간이 넘도록 닭장 안에 숨어서 꼼짝하지 않고 들여다본 끈기는 정말 대단하지요. 만약 제인 구달에게 그런 끈기가 없었다면 나중에 동물 행동학자도 될 수 없었을 거예요. 동물의 행동을 자연 상태에서 몇 시간이고 견디며 관찰하는 것은 끈기가 없다면 해낼 수 없는 일이니까요.

　끈기는 어려서부터 길러 몸에 배게 하는 것이 좋아요. 책을 읽더라도 한 권을 끝까지 읽는 습관을 들이면 '나는 끈기 있는 사람이야.' 라는 자신감이 들 거예요. 운동으로 근육을 튼튼하게 만들 듯이 끈기도 어려서부터 길러 마음이 강한 사람이 되면 좋겠지요.

2 악어 클럽 소녀들

"모두들 자연 관찰 클럽의 회원이 된 걸 환영해.
이 클럽의 이름은 '악어 클럽'이야.
앞으로 악어 클럽 회원은 별명을 사용할 거야.
그러니까 다들 자기 마음에 드는 별명을 짓자."
제인 구달의 말에 다들 신이 났다.

제인 구달이 여섯 살이 되었을 때, 아버지는 군인이 되어 전쟁터로 나갔다. 영국과 독일 사이에 전쟁이 벌어졌기 때문이었다.

남은 식구들은 할머니네 저택을 떠나 외할머니 댁에서 살게 되었다. 외할머니 댁은 영국 남부에 있는 *해안 도시인 번머스에 있었다. 외할머니 댁은 붉은 벽돌로 아름답게 지은 집이었다. 이 집을 제인 구달의 가족은 '버치스'라고 했다.

버치스에서는 두 이모도 함께 지냈다.

---

* **해안** | 바다와 육지가 맞닿은 부분.

버치스에는 넓은 뜰이 있었다. 뜰에는 잘 다듬어지지는 않았지만 큰 나무들이 많았다.

하루는 어머니가 큰 소리로 제인 구달을 불렀다.

"제인, 어디 있니?"

집 안에서 아무 대답이 없자 어머니는 뜰을 향해 외쳤다.

"제인, 어서 나무에서 내려와 밥 먹어야지!"

어머니는 보지 않고도 제인 구달이 너도밤나무 위에 있다는 걸 알아차렸다. 제인 구달이 너도밤나무를 너무나 좋아했기 때문이었다. 제인 구달은 뜰에 나갈 때마다 자기 키보다 훨씬 큰 너도밤나무에 올라갔다. 그 모습을 지켜본 외할머니는 제인 구달의 생일에 너도밤나무를 선물로 주었다.

"애야, 이제부터 이 너도밤나무는 내 것이란다. '제인의 나무'라고 이름을 붙이는 건 어떻겠니?"

"우아, 정말요? 고마워요, 할머니. 저는 꿈만 같아요!"

제인 구달은 황홀해서 어쩔 줄 몰랐다. 자기만의 나무가 있다는 건 행복한 일이었다. 원래 좋아하던 너도밤나무가 이제 한결 더 가깝게 느껴졌다. 제인 구달은 너도밤나무에 올라앉아 새소리를 듣거나 숙제를 하기도 했다.

제인 구달은 집 안보다 뜰에서 지내는 걸 더 좋아했다. 또 학교보다 들판에서 마음껏 뛰어노는 것을 더 좋아했다. 학교에 가는 아침에는 엄마가 몇 번이고 불러야 일어났지만, 방학이나 주말이면 아침 일찍 일어나 바깥으로 나갔다. 날씨가 좋은 날은 해안에 있는 *벼랑까지 산책을 하기도 했다.

제인 구달이 일곱 살이 되던 해에 어머니가 동네 도서관에서 책을 빌려다 주었다. 제목은 『둘리틀 박사 이야기』였다. 제인 구달은 동물들이 많이 나오는 그 책이 퍽 마음에 들었다. 그래서 『둘리틀 박사 이야기』를 다 읽고 나서도 몇 번이나 다시 읽었다.

'나도 둘리틀 박사처럼 동물들이 하는 말을 알아들을 수 있다면 얼마나 좋을까?'

책을 덮은 제인 구달은 상상에 빠졌다. 자신이 동물들과 어울려서 신나게 지내는 모습이었다. 제인 구달은 동물들을 자기 손으로 만져 보고, 느껴 보고 싶었다.

'이렇게 멋진 동물들을 만날 수 있다면 얼마나 좋을까? 아프리카에는 동물들이 무척 많다고 들었어. 나도 언젠가는 꼭 아프리카에 갈

---

* **벼랑** | 낭떠러지의 험하고 가파른 언덕.

거야.'

이때부터 제인 구달은 여러 가지 동물들이 나오는 책들을 찾아 읽었다. 제인 구달은 모글리가 늑대와 함께 지낸 이야기가 담겨 있는 『정글 북』을 무척 좋아했다. 『정글 북』을 읽을 때면 마치 자신이 주인공 모글리가 된 듯한 착각에 빠졌다. 또 영화 〈타잔〉을 볼 때는 자기와 이름이 같은 타잔 여자 친구인 제인이 부럽기까지 했다.

'나는 제인보다 밀림에서 더 잘할 수 있어! 동물들에 대해서도 내가 더 많이 아는걸!'

제인 구달은 곧 동물들에 관한 책을 읽거나 영화를 보는 것만으로 만족할 수가 없게 되었다.

'아프리카 동물은 아니지만, 내가 사는 곳에서 볼 수 있는 동물이라도 관찰하고 싶어. 어떻게 하면 좋을까?'

며칠 동안 생각한 제인 구달은 자연 관찰 *클럽을 만들기로 마음먹었다. 마침 제인 구달에게는 방학이면 버치스로 찾아와 함께 지내는 사촌 자매 샐리 캐리와 수지 캐리가 있었다. 방학이 되자마자 제인 구달은 캐리 자매와 동생 주디를 불러 모았다.

---

* **클럽** | 취미가 같거나 같은 목적을 가진 사람들이 모인 단체.

"다들 잘 들어 봐. 내가 자연 관찰 클럽을 만들었거든. 다 같이 모여서 동물들을 관찰하는 모임이야. 같이 하고 싶은 사람?"

"클럽이라고? 그거 재미있겠다."

"언니, 나도 끼워 줘."

"좋아, 나도 할래."

캐리 자매와 주디가 찬성하자, 제인 구달은 들뜬 목소리로 말했다.

"모두들 자연 관찰 클럽 회원이 된 걸 환영해. 이 클럽 이름은 '악어 클럽'이야. 앞으로 악어 클럽 회원은 별명을 사용할 거야. 그러니까 다들 자기 마음에 드는 별명을 짓자."

제인 구달의 말에 다들 신이 났다.

"우아, 재미있겠다. 뭐가 좋을까?"

그럴듯한 별명을 짓겠다며 모두가 법석을 떨었다. 제인 구달이 자기는 벌써 생각해 두었다는 듯 먼저 말했다.

"악어 클럽 회장인 내 별명은 '멋쟁이 나비'야."

샐리와 수지와 주디도 별명을 지었다. 샐리는 '바다오리', 수지는 '딱정벌레', 주디는 '송어'로 지었다. 자연 관찰 클럽 회원답게 모두 동물 이름이었다.

악어 클럽 소녀들은 버치스의 뜰을 돌며 여러 가지를 관찰했다. 뜰

한쪽에 텐트를 쳐 놓고 야영을 하기도 했다. 그리고 날마다 관찰한 것들을 공책에 적었다.

어느 날 제인 구달은 달팽이를 길러야겠다고 생각했다. 가까이에서 달팽이를 관찰하고 싶었기 때문이었다. 그런데 어렸을 때 지렁이를 관찰하려다 어머니한테 들은 말이 생각났다. 살아 있는 것들을 사람 마음대로 가둬 두면 죽을 수도 있다고 한 이야기였다.

제인 구달은 커다란 상자의 바닥을 떼어 내어 달팽이가 있는 풀밭에 놓고, 뚜껑은 유리로 만들었다. 달팽이가 풀을 다 뜯어 먹으면 상자를 다른 곳으로 옮겨 주었다. 그렇게 하니 달팽이를 괴롭히지 않고도 관찰할 수 있었다.

이듬해 여름 방학이었다. 제인 구달은 악어 클럽 회원들을 한자리에 모았다.

"우리 지금부터 *박물관을 만들자."

"박물관? 우리가 어떻게 박물관을 만들어?"

아이들은 어리둥절해져서 고개를 갸웃거렸다. 하지만 제인 구달은 자신 있는 목소리로 말했다.

---

* **박물관** | 역사가 깊은 유물이나 예술품을 모아서 전시하는 시설.

"버치스에는 온실이 있잖아. 그 온실을 박물관으로 꾸미는 거야. 그동안 우리가 모은 것들을 전시하면 좋을 것 같아. 눌러서 말린 꽃도 있고, 조개껍데기도 많잖아."

"재미있겠다. 우리 빨리 시작하자."

악어 클럽 회원들은 곧 온실 안을 작은 박물관으로 꾸미기 시작했다. 그동안 모은 수집품은 생각보다 많았다. 해안을 산책할 때마다 주워 둔 조개껍데기도 종류별로 제법 많았다. 탐험을 좋아했던 제인 구달의 *증조할아버지가 여러 나라를 다니며 수집한 귀한 조개껍데기도 있었다.

"전시품을 보고 누구나 알 수 있도록 이름표를 만들어 붙이자."

제인 구달은 악어 클럽 회장답게 모든 걸 지휘했다.

악어 클럽 아이들이 박물관을 만드는 걸 알게 된 이모부는 사람 해골을 기증했다. 이모부가 의과 대학에 다닐 때 늘 가지고 공부하던 해골이었다.

박물관이 다 꾸며지자, 제인 구달이 주디와 수지에게 말했다.

"얘들아, 이제 길에 나가서 어른들을 데려오자."

주디와 수지가 놀라며 물었다.

"어른들을 데려오자고?"

"어떻게?"

제인 구달은 손나팔을 만들어 입에 대고 말했다.

"내가 하는 걸 듣고 그대로 하면 돼. '번머스 최초의 버치스 박물관을 구경하세요! 신기하고 귀한 전시품을 보러 오세요!' 이렇게. 알았지? 가서 해 보자."

---

* **증조할아버지** | 아버지의 할아버지, 또는 할아버지의 아버지.

아이들이 길거리에서 외치자 정말로 사람들이 찾아왔다. 어린 아이들이 만들었다는 박물관에 호기심이 일었고, 도대체 뭘 전시한 것인지 보고 싶었던 것이었다.

전시품을 둘러본 어른들이 깜짝 놀랐다.

"야, 그럴듯한걸!"

"어린애들 솜씨가 보통이 아니구나."

"관찰하고 수집한 것을 참 꼼꼼히 정리했네."

제인 구달은 이때를 놓치지 않고 기금함을 내밀었다.

"늙은 말 보호 협회에 보낼 *기금을 내 주세요. 평생 사람을 위해 일했는데 늙어서 쓸모가 없어졌다고 *도살 당할 위험에 빠진 말들을 구해 주세요."

"어머나, 너희들 이렇게 좋은 일도 하는구나!"

구경 왔던 사람들은 제인 구달이 내민 기금함에 웃는 얼굴로 돈을 넣어 주었다.

어느 정도 돈이 모이자, 제인 구달은 늙은 말 보호 협회에 그 돈을 후원금으로 보냈다. 덕분에 목숨을 구한 늙은 말들은 농장에서 풀을

---

* **기금** | 어떤 목적이나 사업, 행사에 쓸 기본이 되는 돈.
* **도살** | 짐승을 잡아 죽이는 것.

뜯으며 평화롭게 삶을 마감할 수 있었다.

　방학이 끝나고, 캐리 자매가 돌아가고 난 며칠 뒤였다. 저녁 식사를 마친 제인 구달이 식구들을 둘러보며 말했다.

　"자, *회보가 나왔습니다."

　"회보라니?"

　어머니가 눈을 동그랗게 뜨고 물어보았다.

　제인 구달은 자기가 만든 악어 클럽 회보를 식구들에게 보여 주었다. 회보에는 그동안 관찰한 것을 기록한 글과 그림이 실려 있었다. 뿐만 아니라 곤충 *해부도도 있었다.

---

* **회보** | 어떤 모임에 관한 일을 회원들에게 알리는 간행물.
* **해부도** | 생물의 내부 구조를 세밀하게 나타낸 그림.

"악어 클럽 대단하구나, 이렇게 많은 걸 관찰했다니!"

어머니는 관찰한 것을 꼼꼼하게 기록해 둔 제인 구달을 칭찬했다. 제인 구달은 뿌듯했다.

"앞으로도 동물이나 풀을 관찰하고 나면 꼭 정리할 거예요. 이번에 악어 클럽 회보를 만들면서 전에는 몰랐던 것들도 많이 알 수 있었거든요."

악어 클럽에서 벌인 활동들은 제인 구달이 관찰하는 힘을 기르는 데 많은 도움이 되었다.

그 무렵 제인 구달의 이웃에 사는 사탕 가게 아주머니는 개 한 마리를 키우고 있었다. 이름은 버들레이였다. 제인 구달은 늘 혼자서 집을 지키는 버들레이를 볼 때마다 생각했다.

'오늘도 혼자 있구나. 아주머니가 바빠서 운동을 못 시키니까, 버들레이는 많이 답답할 거야. 내가 도와줘야지.'

그날 저녁, 제인 구달은 사탕 가게 아주머니를 찾아갔다.

"아주머니, 제가 버들레이를 운동시켜도 괜찮을까요? 혼자서 너무 심심해 보여서요."

"어머나, 제인! 그래 주겠니? 나야 고맙지."

"네, 맡겨만 주세요."

제인 구달은 다음 날부터 버들레이를 산책시키며, 사람에게 대하듯 다정스럽게 말하고 행동했다. 버들레이와 제인 구달은 금세 친해졌다.

똑똑한 버들레이는 제인 구달이 하는 말도 잘 알아들었다. 제인 구달이 '앉아.'라고 하면 얼른 앉았다. 그리고 음식이 앞에 있어도 제인 구달이 '먹어.'라고 하기 전까지는 먹지 않았다. 제인 구달과 버들레이는 날마다 친구처럼 함께 산책을 했다.

그러던 어느 날, 근처 호텔에서 키우는 개 러스티가 제인 구달을 따라왔다.

"어머, 너는 호텔에 사는 러스티 아니니? 너도 우리랑 같이 놀고 싶어서 왔구나. 좋아, 같이 산책하자. 대신 버들레이랑 사이좋게 지내야 해."

제인 구달은 러스티에게도 다정하게 대해 주었다. 얼마 지나지 않아 러스티도 버들레이처럼 제인 구달을 따르기 시작했다. 제인 구달은 러스티를 조금씩 훈련시켰다. 러스티는 곧 제인 구달을 따라 사다리에 올라가기도 하고, 제인 구달이 내민 손에 발을 올려놓을 수도 있게 되었다.

제인 구달이 버들레이와 러스티를 훈련시키는 걸 본 어머니는 깜짝 놀랐다.

"대단하구나, 제인. 어떻게 훈련을 시킨 거니?"

제인 구달은 기쁜 얼굴로 대답했다.

"가르쳐 준 것을 잘 따라 할 때마다 칭찬을 많이 해 주었어요. 그렇지만 늘 먹을 것을 주지는 않았어요. 그러면 버릇없어질지도 모르니까요."

타잔을 따르는 치타처럼 버들레이와 러스티는 제인 구달을 따랐다.

제인 구달은 버들레이와 러스티를 통해 동물들도 생각하고, 판단하는 능력이 있다는 것을 조금씩 알게 되었다.

몸을 움직여 많은 체험을 하라

예로부터 '백문이 불여일견' 이라는 말이 있어요. 백 번 듣는 것보다 한 번 보는 게 낫다는 뜻이지요. 남을 통해서 아무리 들어 보아야 자기 자신이 실제로 한 번 보는 것만 못하다는 걸 경험해 보면 알 수 있어요.

그렇다면 보는 것과 체험하는 것은 어떤 차이가 있을까요? 그것 역시 백 번 보는 것보다 한 번이라도 실제로 겪어 보는 것이 나아요. 실제로 해 보면 많은 걸 느낄 수 있고, 생각할 수 있고, 나중에 비슷한 일에 부딪혔을 때 훨씬 잘 할 수 있기 때문이에요.

어릴 때부터 동물에 관심이 많았던 제인 구달은 직접 자연 관찰 클럽을 만들었어요. 이름을 '악어 클럽' 이라고 짓고, 자신이 회장을 맡았지요. 악어 클럽은 무척 열심히 활동했어요. 뜰에서 사는 동물들을 관찰하고, 바닷가에 나가 조개껍데기를 줍기도 했지요. 달팽이를 기르기도 했고요. 그리고 날마다 그날 관찰한 것들을 꼼꼼하게 기록했어요. 그렇게 하면서 제인 구달은

　많은 것들을 배울 수 있었어요. 그것은 동물들이 나오는 책만 읽어서는 결코 얻을 수 없는 소중한 체험이었어요.
　혼자서 무언가를 시작하는 것이 어렵게 느껴진다면, 제인 구달처럼 친구끼리 모둠을 만들어 보아요. 꼭 자연 관찰이 아니더라도 괜찮아요. 취미나 관심 분야가 같은 친구들과 함께 여러 가지를 체험해 본다면 무척 재미있을 거예요. 공부를 열심히 하고, 책을 많이 읽는 것도 중요하지만, 스스로 몸을 움직여 겪어 보는 것이 새로운 것을 배우는 가장 좋은 방법이라는 것을 잊지 마요.

3 꿈을 향한 첫걸음

제인 구달은 스물세 살이 되던 해, 그토록 가고 싶어 했던 아프리카로 떠났다. 기대에 부푼 제인 구달은 자신을 아프리카로 데려다 줄 여객선에 몸을 실었다. 짭조름한 바닷바람에 기분이 들떴다.

1952년에 고등학교를 졸업한 제인 구달은 대학교에 가지 못했다. 집안 형편이 어려워 장학금을 받아야만 대학교를 다닐 수 있기 때문이었다. 하지만 제인 구달은 장학금을 받을 만큼 성적이 좋지 않았다. 더구나 제인 구달은 별로 대학교에 가고 싶지 않았다. 제인 구달이 하고 싶은 일은 따로 있었다.

'책상에 앉아서 공부만 하는 것은 나랑 맞지 않아. 날마다 동물들을 관찰하고, 돌보며 지낼 수는 없을까? 그러면 동물에 관한 글도 쓸 수 있을 텐데.'

그렇지만 아무리 생각해도 뾰족한 수가 떠오르지 않았다. 그 시절 영국에서는 자유롭게 동물을 연구할 수 있는 곳도 없었고, 제인 구달을 이끌어 줄 사람도 없었다. 제인 구달이 할 수 있는 일이라고는 닥치는 대로 동물에 관한 책을 읽는 것뿐이었다.

그 무렵, 어머니가 제인 구달에게 조심스럽게 제안했다.

"제인, 얼마 동안이라도 독일의 평범한 가정에 가서 지내보는 게 어떻겠니?"

제인 구달은 어머니의 말을 금방 이해할 수가 없었다.

"어머니, 전쟁이 끝난 지 얼마 되지도 않았는걸요. 그런데 *적국에 가 보라고요?"

"그래. 비록 적국이긴 해도 그 나라 사람들도 따로따로 만나 보면 분명 네가 배울 점이 많이 있을 거야. 독일어도 배울 수 있고. 또 독일에도 *제국주의를 싫어하는 사람들이 있다는 것을 알아 둘 필요도 있어."

"저는 잘 모르겠어요."

"마침 독일에 영어를 배우고 싶어 하는 가족이 있다는구나. 나는 네가 그 집에 가서 몇 달 동안 지내 보았으면 좋겠어."

제인 구달은 망설임 끝에 독일로 떠났다. 이참에 독일어를 배워 두

---

* **적국** | 전쟁을 벌인 상대 나라나 적대 관계에 있는 나라.
* **제국주의** | 힘을 앞세워 다른 나라나 민족을 침략하려는 생각.

는 것도 나쁘지 않겠다는 생각이 들었기 때문이었다. 그러나 독일 생활은 견디기 힘들었다. 전쟁 통에 *폭격을 맞아 망가진 독일은 너무나 *황량했다.

게다가 제인 구달이 머물렀던 집 식구들은 영어를 배우고 싶어 해서 될 수 있는 한 집에서 독일어로 말하는 걸 피했다. 제인 구달은 독일어를 제대로 배울 수 없었다.

'아, 정말 답답해. 나는 독일에 영어만 가르치러 온 게 아닌걸. 다시 영국으로 돌아가자. 대학교에 들어가지 않고도 내가 원하는 일을 할 수 있을 거야. 천천히 찾아보면 돼.'

결국 독일로 떠난 지 넉 달 만에 제인 구달은 다시 영국으로 돌아오고 말았다. 어머니는 시무룩한 얼굴로 돌아온 제인 구달을 따뜻하게 맞아 주었다.

"제인, 고생 많았어. 그런데 앞으로 어떻게 할 생각이니?"

"아직 잘 모르겠어요. 저는 아프리카에 가서 동물들을 연구하고 싶은데, 지금은 어디서부터 시작해야 할지도 모르겠어요."

제인 구달은 자신의 심정을 솔직하게 말했다. 어머니는 천천히 고

---

* **폭격** | 비행기에서 폭탄을 떨어뜨려 그 지역을 파괴하는 일.
* **황량** | 황폐하여 거칠고 쓸쓸하다.

개를 끄덕였다.

"그래, 네 마음 잘 알겠다. 천천히 생각해 보렴. 하지만 아무 일도 하지 않고 지낼 수는 없어. 런던에 있는 *비서 학교에 입학하는 것은 어떠니?"

"비서 학교요?"

제인 구달은 깜짝 놀라 되물었다. 비서라는 직업에 대해서는 한 번도 생각해 본 적이 없었기 때문이었다.

"제인, 비서 일을 배워 두면 나중에 분명히 쓸모가 있을 거야. 비서는 세계 어느 곳에서나 일자리를 구할 수 있거든."

"정말 그럴까요? 아프리카에도 갈 수 있을까요?"

제인 구달은 눈을 반짝였다. '세계 어느 곳에서나'라는 말을 듣는 순간 가슴이 쿵쾅쿵쾅 뛰었다. 그런 제인 구달의 마음을 눈치 챈 어머니는 웃으며 대답했다.

"물론이지. 만약 아프리카에 있는 회사에서 너처럼 의욕 넘치는 비서를 구한다면 말이야."

제인 구달은 그길로 런던 비서 학교에 입학했다. 런던 비서 학교에

---

* **비서** | 중요한 직위에 있는 사람 밑에서 일을 맡아보는 직위, 또는 사람.

서는 *타자와 빨리 적기를 비롯해서 장부를 정리하는 법을 가르쳤다. 제인 구달은 비록 자신이 진정으로 원하는 일은 아니지만, 꿈을 향해 가는 바탕이 될지도 모른다는 생각으로 열심히 배웠다.

학교를 무사히 마치고, 비서 자격증을 딴 제인 구달은 금방 일자리를 구할 수 있었다.

첫 번째 일자리는 이모가 운영하는 병원이었다. 제인 구달의 이모는 번머스에 사는 가난한 어린이들을 위한 병원을 운영하고 있었다. 그곳 환자들은 태어날 때부터 갖가지 문제를 안고 있는 장애 어린이들이었다.

제인 구달은 의사를 위해 서류 정리를 하거나 타자를 쳤다. 의사에게 진찰을 받으며 고통스러워하는 어린 환자들을 볼 때마다 제인 구달은 가슴이 아팠다.

'저 아이들을 위해 내가 해 줄 수 있는 일이 아무것도 없는 걸까? 작은 도움이라도 되고 싶어.'

하지만 제인 구달이 직접 그 환자들에게 해 줄 수 있는 것은 별로 없었다.

---

* **타자** | 타자기나 문서 작성 도구를 써서 글자를 찍는 것.

병원에서 여섯 달 동안 일하고 난 뒤, 제인 구달은 옥스퍼드 대학교에 일자리를 얻었다. 대학 행정실에서 서류를 정리하는 일이었다. 옥스퍼드 대학교는 집에서 멀리 떨어져 있었다. 제인 구달은 옥스퍼드 대학교 근처에 방을 얻었다. 작지만 깨끗한 방이었다.

제인 구달은 시간이 날 때마다 옥스퍼드 강으로 나갔다. 배를 타고 조용히 강을 오르내리며, 물새, 쇠물닭, 고니 들을 관찰했다.

'물새야, 안녕? 고니도 잘 지냈니? 비록 여기가 아프리카는 아니지만, 이렇게 살아 있는 동물들을 가까이에서 볼 수 있어서 나는 정말 기뻐.'

사무실에서 일할 때는 늘 생기가 없는 제인 구달이었지만, 강가에서 동물들을 관찰할 때는 마치 다른 사람이 된 것 같았다. 눈과 얼굴이 반짝반짝 빛이 났다. 시간이 지날수록 제인 구달은 자신이 동물을 떠나서는 살 수 없다는 사실을 깨닫게 되었다.

옥스퍼드 대학교에서 일 년 동안 일하고 나니 런던에 새로운 일자리가 생겼다. 서류를 정리하는 일보다 재미있는 일이었다. *다큐멘터리 영화를 만드는 영화 제작소에서 영화에 맞는 음악을 고르는 일을

---

* **다큐멘터리** | 실제로 있었던 어떤 사건을 꾸미지 않고 사실적으로 그린 것.

맡았다. 제인 구달은 일을 하는 틈틈이 편집하는 법도 배우고, 영화 음악도 만들 수 있게 되었다.

새 직장에서 일하는 동안에도 제인 구달의 꿈은 변하지 않았다. 제인 구달은 시간만 나면 런던 *자연사 박물관을 찾았다. 자연사 박물관에서 전시품들을 꼼꼼하게 살펴보며 많은 시간을 보냈다. 돌아오는 길에는 도서관에 들러 동물에 관한 책을 빌렸다.

집에서도 쉬지 않고 동물들이 나오는 책을 읽는 제인 구달에게 어머니가 물었다.

"제인, 너는 동물이 그렇게 좋으니?"

"네. 저는 살아 있는 동물이 너무 좋아요. 꼭 아프리카에 가서 동물을 연구하고 싶어요. 지금은 다른 일을 하고 있지만, 제 꿈은 앞으로도 변하지 않을 거예요."

제인 구달의 말을 들은 어머니는 다정하게 등을 두드려 주었다.

"그래, 제인. 꿈을 가지고 노력하면 반드시 이루어질 거야. 네가 아프리카에 가게 될 날이 나도 기다려지는구나."

그러던 어느 날, 제인 구달에게 꿈만 같은 기회가 찾아왔다. 동물을

---

* **자연사 박물관** | 자연의 역사에 관한 자료를 전시하는 박물관.

연구하는 것은 아니었지만, 아프리카에 가서 그토록 좋아하는 동물들을 실제로 볼 수 있게 된 것이었다.

제인 구달의 꿈을 이루어 줄 소식은 편지 한 통으로 날아왔다. 편지를 보낸 사람은 고등학교 때 친하게 지냈던 친구 마리 클로였다. 졸업한 뒤 몇 년 동안 소식이 끊어진 사이였는데, 갑자기 연락이 온 것이었다. 제인 구달은 편지를 끝까지 읽기도 전에 환호성을 질렀다.

"야호! 정말 꿈만 같아."

기뻐하는 제인 구달을 보고 어머니가 놀리듯이 물었다.

"왜 그러니 제인? 아프리카에 사는 동물이 편지라도 보낸 거야?"

"맞아요!"

"뭐라고? 무슨 일인지 자세히 말해 봐, 제인."

제인 구달은 흥분한 목소리로 편지를 읽어 내려갔다.

"오랜만이야, 제인. 우리 부모님께서 이번에 케냐에 농장을 사셨어.

그래서 말인데 너를 우리 농장으로 초대할까 해. 꼭 와 줄 거지?"

어머니가 놀란 목소리로 물었다.

"어머나, 케냐라면 아프리카잖니?"

"맞아요. 더 들어 보세요. '제인, 시간이 없다면 휴가라도 내서 꼭 놀러 와. 네가 예전부터 아프리카에 꼭 가 보고 싶어 했던 게 생각나서 특별히 초대하는 거니까.' 정말 굉장해요!"

그러나 기쁨도 잠시, 제인 구달은 곧 걱정에 휩싸였다. 아프리카까지 가려면 돈이 많이 들기 때문이었다. 여행 경비를 모으려면 지금 버는 돈으로는 아주 오랜 시간이 걸릴 것이 분명했다. 곰곰 생각에 잠겼던 제인 구달은 사표를 냈다. 그리고 짐을 챙겨 고향으로 돌아왔다.

고향으로 돌아온 제인 구달은 호텔 레스토랑에 취직했다. 레스토랑은 집에서 다닐 수 있어 생활비도 아낄 수 있었고, 열심히 일한 만큼 돈도 넉넉히 받을 수 있었다. 하지만 처음 하는 일이라 모두 새로 배워야 하고 힘도 들었다. 한 손에 쟁반을 든 채 주문을 받아야 하고, 음식이 담긴 접시 여러 개를 한꺼번에 나르기도 해야 했다. 그렇지만 제인 구달은 열심히 일했다. 아무리 힘들어도 아프리카에 가서 동물들을 만날 수 있다는 생각을 하면 모두 견딜 수 있었다.

그렇게 넉 달 동안 일을 한 제인 구달은 드디어 아프리카로 떠날 여행 경비를 마련했다.

"엄마, 이제 정말 아프리카로 갈 수 있어요!"

"축하한다, 제인! 그동안 고생 많았어."

어머니는 진심으로 제인 구달을 축하해 주었다.

다음 날부터 제인 구달은 꿈에 부풀어 여행 준비를 했다. 우선 돈은 마련했지만, 아프리카에서 지내는 동안 일할 회사도 찾아야 했다. 무작정 친구 클로네 집에 머물 수만은 없다고 생각했기 때문이었다. 제인 구달은 곧 케냐의 수도 나이로비에 지사를 둔 회사에서 임시직으로 일할 수 있게 되었다.

제인 구달은 스물세 살이 되던 해, 그토록 가고 싶어 했던 아프리카로 떠났다. 기대에 부푼 제인 구달은 자신을 아프리카로 데려다 줄 여객선에 몸을 실었다. 짭조름한 바닷바람에 기분이 들떴다.

'드디어 아프리카로 떠나는구나. 내 꿈이 이렇게 이루어질 줄은 정말 몰랐어!'

제인 구달은 틈날 때마다 갑판에 나와 바다를 바라보았다. 돌고래와 상어가 뛰어오르면 제인 구달의 마음도 함께 날아올랐다. 파도가 심해지면 다른 손님들은 객실로 내려갔지만, 제인 구달은 끝까지 갑판을 지켰다. 혼자서 물고기들을 관찰할 수 있다는 생각에 오히려 즐거웠다.

런던을 출발한 지 삼 주째 되는 날, 배는 마침내 케냐의 항구 도시 몸바사에 도착했다. 몸바사에서 나이로비로 갈 때는 기차를 탔다. 기차 유리창 밖으로는 책에서만 보았던 야생 동물들이 뛰어놀고 있었다.

'내가 지금 진짜로 야생 동물을 보고 있는 걸까? 꼭 영화의 한 장면 같아!'

제인 구달은 믿어지지 않아 유리창을 톡톡 두드려 보기도 했다. 기차 여행은 이틀이나 계속되었지만, 제인 구달은 조금도 지루하지 않았다. 드디어 기차가 나이로비에 도착했다.

"제인!"

마중 나온 클로가 반갑게 소리쳤다. 제인 구달과 클로는 서로 부둥켜안고 팔짝팔짝 뛰었다.

"클로, 잊지 않고 나를 초대해 주다니, 정말 고마워!"

"나는 아프리카로 오자마자 네가 가장 먼저 떠올랐는걸."

한동안 둘의 모습을 곁에서 지켜보고 있던 한 남자가 말을 걸었다.

"어서 와라, 마리에게 네 얘기 많이 들었다."

클로 아버지였다. 자동차로 함께 마중을 온 것이었다.

"안녕하세요? 초대해 주셔서 정말 고맙습니다."

"아프리카에 오는 걸 이렇게 고마워하다니, 초대한 보람이 있구나."

자동차에 오른 제인 구달 일행은 클로네 농장이 있는 키난콥으로 갔다. 키난콥은 '흰 고원 지대'라는 뜻이었다. 키난콥으로 가는 동안 제인 구달은 차창 밖으로 보이는 동물들 때문에 탄성을 질렀다.

"어머, 저것 좀 봐!"

기린이 바로 자동차 옆에 서 있었다. 긴 목이 자동차 위로 우뚝 솟아올랐다. 제인 구달은 고개를 내밀어 기린을 쳐다보았다. 기린은 천천히 나뭇잎을 씹어 먹고 있었다. 그 모습에서 눈을 떼지 못하며 제인 구달은 자신이 정말로 아프리카에 왔다는 걸 실감했다.

'내가 꼭 타잔이 된 것 같아! 둘리틀 박사라면 동물들과 말이 통할 텐데…….'

아프리카에 도착한 첫날, 제인 구달은 자연이 주는 자유와 행복을 마음껏 누렸다.

시크릿 포인트 3
Secret Point

진정 원하는 꿈은 버리지 마라

여러분은 어른들이 가끔 이렇게 말하는 걸 들은 적이 있을 거예요. '나는 이렇게 살고 싶지 않았어. 원래 내 꿈은 따로 있었어.'

이 말을 들으면 부럽거나 존경스럽게 여겨지기보다는 안됐다는 생각이 들 거예요. 왜냐하면 꿈을 이루지 못한 것은 다른 사람 탓이 아니라 자신의 책임이 가장 클 테니까요. 진정으로 원하는 꿈이 있다면 끝까지 포기하지 않아야 해요.

물론 꿈을 이루기는 쉽지 않아요. 그렇지만 세상에 이룰 수 없는 일은

　없어요. 야생 동물과 살고 싶다는 제인 구달의 꿈도 처음에는 이룰 수 없어 보였어요. 동물을 연구할 수 있는 대학 공부를 시작한 것도 아니고, 동물과는 상관없는 비서 일을 하면서 어떻게 꿈을 이룰 수 있겠어요?

　그렇지만 제인 구달은 어떤 일을 하든 한 번도 꿈을 버리지 않았어요. 늘 동물에 관한 책을 보고 자연사 박물관을 견학하며, 한발 한발 꿈을 향해 걸었지요. 그러다 보니 친구가 아프리카로 제인 구달을 초대하는 일이 일어났어요. 제인 구달이 중간에 꿈을 포기했다면 그런 일은 일어날 수 없었겠지요.

　꿈을 향해 노력할 때만큼 멋져 보일 때는 없어요. 꿈을 접어 버린 사람은 희망이 없잖아요. 꿈을 포기하지 않는 방법은 진정 원하면 꼭 이뤄진다는 믿음을 갖는 것이지요.

4 루이스 리키 박사와 만나다

리키 박사는 제인 구달이 가진 풍부한 지식에 감탄했다.
그리고 그 자리에서 바로 제인 구달을 비서로 쓰기로 마음먹었다.
"동물에 대해 이렇게 아는 것이 많은 아가씨는 처음 만나 보오.
내가 찾던 사람을 만난 것 같소.
나를 도와 함께 일하고 싶은 마음은 없소?"

　　　　　　　제인 구달은 클로네 농장에서 행복한 시간을 보냈다. 어릴 때부터 꿈꿔 왔던 아프리카의 야생 동물을 가까이에서 볼 수 있다는 게 믿어지지 않을 만큼 좋았다. 하지만 마냥 농장에서 지낼 수만은 없었다.

　클로네에 온 지 삼 주가 지났을 때, 제인 구달은 나이로비에 구해 놓은 직장으로 떠났다. 일자리를 구해 놓고 온 것이 무엇보다 다행스러웠다. 나이로비에 와서 일할 곳을 찾았다면 쉽지 않았을 터였다.

　"제인, 벌써 가는 거야? 더 있어도 돼."

　클로가 무척 섭섭해했지만, 제인 구달은 더 이상 신세를 질 수 없다고 말했다.

"그동안만 해도 정말 고마웠어. 네 덕분에 아프리카로 올 수 있었는걸. 나이로비도 아프리카여서 얼마나 다행인지 몰라."

제인 구달은 새로운 직장으로 출근했다. 일은 지루하고 재미가 없었지만 생활비를 벌면서 아프리카에 머물 수 있어 좋았다. 제인 구달은 기회를 보아 동물들과 지낼 수 있는 일을 찾아볼 생각이었다.

그렇게 두 달이 지난 어느 날이었다. 같은 직장에 있는 동료가 제인 구달에게 핀잔하듯 말했다.

"젊은 사람이 온통 야생 동물에만 정신이 팔려 있네. 제인 양, 동물 말고 옆에 있는 사람한테도 관심을 가져 보는 게 어때요?"

그러자 제인 구달은 당당하게 자기 꿈을 말했다.

"맞아요, 저는 동물에 대한 생각밖에 없어요. 아프리카에 와 있는 것도 동물과 지내고 싶어서인걸요. 야생 동물과 지내면서 동물들을 연구하는 게 제 꿈이거든요."

동료는 자기가 기대했던 답이 아니라서 못마땅하다는 투로 툭 내뱉었다.

"그렇게 동물에 관심이 많으면 루이스 리키 박사를 만나 보는 게 좋겠네요."

제인 구달은 반가운 마음에 동료에게 바짝 다가앉으며 물었다.

"리키 박사라고요? 뭐 하시는 분이죠?"

동료는 그냥 지나가는 말로 꺼낸 이야기인데 제인 구달이 진지하게 묻자, 할 수 없이 자기가 아는 대로 다 이야기해 주었다.

"동물과 인류의 조상에 대해 연구하는 인류학자이죠. 그래서 *화석에 관해서도 많이 알고 있고요."

제인 구달은 곧바로 리키 박사의 연락처를 알아내어 전화를 걸었다. 그리고 박사와 만나기로 약속을 한 뒤, 그를 찾아갔다.

"안녕하세요? 찾아뵙겠다고 했던 제인 구달입니다."

"어서 와요, 제인 양."

리키 박사의 사무실은 엉망이었다. 온갖 서류 더미와 화석, 여러 가지 *유물들로 발 디딜 틈이 없었다.

리키 박사는 어지럽게 흩어진 서류들을 주섬주섬 챙기며 말했다.

"이거 원, 너무 어질러 놓아서 어쩐다……. 비서가 일을 그만둔 지 사흘이나 되니 이 모양이구려."

제인 구달은 비서라는 말에 잔뜩 기대하며 물었다.

"그럼, 비서가 필요하시겠네요?"

---

* **화석** | 동식물의 유해나 흔적이 땅에 파묻히거나 그대로 보존되어 남아 있는 것.
* **유물** | 선대의 인류가 후대에 남긴 물건.

리키 박사는 한숨을 쉬며 대답했다.

"보다시피 당장 사람이 필요해요. 그렇지만 내 일을 도우려면 단순히 서류 정리만 할 줄 알아서는 소용없어요. 동물에 대해 기초 지식 정도는 있는 사람이라야 하는데……."

"저요, 제가 하고 싶어요!"

제인 구달이 흥분한 목소리로 말했다. 그러자 리키 박사는 제인 구달에게 아프리카에 살고 있는 동물에 관해서 몇 가지 질문을 했다. 그때마다 제인 구달은 알고 있는 것을 자세히 설명했다.

리키 박사의 표정이 점점 밝아지더니 곁에 있는 뼈 하나를 집어 보이며 물었다.

"이게 무엇인지 알겠소?"

제인 구달은 리키 박사가 내민 뼈를 들여다보며 대답했다.

"생김새로 보아 목뼈 같아요. 길이가 이렇게 긴 걸 보면 기린 같은데, 맞나요?"

리키 박사는 반가움을 감추지 못하며 말했다.

"맞아요. 뼈를 보고 동물을 알아맞힐 정도라니 놀랍군요. 런던에서만 살았으면 동물에 대해서 알 기회가 많지 않았을 텐데, 대학교에서 동물에 대해 공부했나요?"

"아니오, 박사님 저는 대학교를 나오지 않았어요. 하지만 어릴 때부터 동물에 관한 책을 많이 읽었습니다."

제인 구달이 동물에 관한 책을 많이 읽었다고 대답하자, 리키 박사가 물었다.

"그렇다면 『솔로몬 왕의 반지』라는 책도 읽어 보았소?"

"콘라트 로렌츠 박사를 아주 좋아하는걸요. 로렌츠 박사님이 기러기를 연구한 이야기 중에서 집오리를 관찰하려고 어미 오리를 흉내 낸 이야기는 정말 재미있었어요."

"그 이야기도 안단 말이오?"

"집오리는 처음 태어났을 때 본 것을 어미로 안다는 실험을 했잖아요. 실험을 하느라 새끼 오리들 앞에서 꽥꽥거리며 산책하는 모습을 이웃들이 보고 미쳤다고 할 정도였으니, 대단하다 싶어요."

"동물학자들은 *가설을 세운 뒤에 반드시 그 가설을 확인해야 하니까 그럴 수밖에요."

제인 구달은 고개를 끄덕이며 말했다.

"꿀을 발견한 꿀벌이 동료들에게 엉덩이를 흔들어서 자신이 발견한

---

* **가설** | 어떤 일을 설명하거나 어떤 이론을 세우기 위해 설정한 가정.

것을 알린다는 것을 알아낸 것도 *동물 행동학에서는 무척 대단한 성과였죠."

리키 박사는 제인 구달이 가진 풍부한 지식에 감탄했다. 그리고 그 자리에서 바로 제인 구달을 비서로 쓰기로 마음먹었다.

"동물에 대해 이렇게 아는 것이 많은 아가씨는 처음 만나 보오. 내가 찾던 사람을 만난 것 같소. 나를 도와 함께 일하고 싶은 마음은 없소?"

"고맙습니다. 정말 꿈을 꾸는 것만 같아요. 박사님께서 결코 실망하지 않도록 열심히 하겠습니다."

그날 리키 박사는 제인 구달에게 나이로비 국립공원을 구경시켜 주었다. 구경을 하는 동안 자신이 케냐에 살면서 본 동물들에 대한 여러 가지 재미있는 이야기도 들려주었다.

제인 구달이 리키 박사를 만난 것은 행운이었다. 리키 박사의 비서 일은 지금까지 했던 어떤 일보다 마음에 들었다. 다른 곳에서는 서류 작업만 해야 했지만, 리키 박사 밑에서는 동물에 대해 많은 걸 배울 수 있었기 때문이었다.

---

* **동물 행동학** | 동물 행동의 특성이나 의미 따위를 비교 연구하는 학문.

제인 구달이 리키 박사의 비서 일을 한 지 몇 달이 지났을 무렵, 리키 박사는 *탐사 여행을 떠나게 되었다. 아내와 함께 화석을 *발굴하는 일을 하러 떠난다는 것이었다. 장소는 탕가니카에 있는 올두바이 골짜기였다. 올두바이 골짜기로 가는 길은 도로는커녕 오솔길도 제대로 나 있지 않았다. 리키 부부는 여름이면 서너 달씩 화석을 찾느라 그곳을 탐사하곤 했다. 하지만 아직까지 동물의 뼈 화석은 발견하지 못하고 있었다.

리키 박사의 올두바이 골짜기 탐사는 제인 구달에게 무척 근사한 소식이었다.

"제인 양도 같이 가도록 하지. 자네가 가 준다면 많은 도움이 될 거야. 박물관에서 일을 하는 질리언 군도 함께 가기로 했다네."

제인 구달은 망설임 없이 짐을 쌌다. 처음 아프리카로 떠나던 날만큼 가슴이 뛰었다.

차로 한참을 달려 올두바이 골짜기에 도착한 일행은 커다란 나무 그늘 아래에다 석 달 동안 머물 텐트를 쳤다.

첫날 밤, 모닥불 근처에서 막 저녁을 먹으려던 참이었다. 멀리서 으

---

* **탐사** | 알려지지 않은 사물이나 사실 따위를 샅샅이 더듬어 조사함.
* **발굴** | 땅속이나 큰 덩치의 흙, 돌 더미 따위에 묻혀 있는 것을 찾아서 파냄.

르렁거리는 사자 소리가 들려왔다. 밤이 되어 간이침대에 누웠을 때는 하이에나가 먹이를 놓고 싸우는 소리도 들렸다. 제인 구달은 한밤중 아프리카에서 동물들에게 둘러싸여 있다는 게 너무나 행복했다.

'자유롭게 살고 있는 야생 동물들과 함께 지낼 수 있다니……. 내 꿈이 이렇게 이루어질 줄이야!'

날이 밝자, 뜨거운 태양볕이 내리쬐었다. 일꾼들은 곡괭이와 삽을 들고 발굴을 시작했다. 화석이 있을 만한 깊이까지 땅을 파내려 가면 제인 구달은 인부들 대신 자기가 하겠다고 나섰다. 힘든 일이었지만, 중요한 화석이 곡괭이에 쪼개질까 염려해서였다. 화석층이 나오면 사냥칼로 딱딱한 흙을 떼어 내고, 이쑤시개로 귀중한 화석을 파냈다. 제인 구달은 자기 손으로 파낸 뼛조각을 보며 감동에 젖었다.

'수백만 년 전 지구를 달리던 동물의 뼈라니!'

가만히 뼈를 들여다보고 있으면 살이 붙고 털이 살아나는 것 같았다. 배고픔과 목마름과 아픔을 느꼈을 동물의 온기마저 느껴지는 듯해 온몸이 떨려 왔다. 이런 동물들을 향하여 돌망치를 던지는 *유인원 모습도 눈에 보이는 듯했다.

---

* 유인원 | 유인원과 원숭이를 통틀어 이르는 말.

제인 구달은 발굴 작업이 없을 때는 질리언과 산책을 하며 아프리카의 자연을 즐겼다. 코뿔소에게 받힐 뻔한 일도 있었지만, 제인 구달은 행복했다. 그것은 제인 구달의 소원대로 그만큼 야생 동물과 가까이 있다는 증거였다. 코뿔소를 보고 놀란 질리언이 도망치려 할 때 제인 구달은 침착하게 말했다.

"서두르지 마. 코뿔소가 놀라지 않게 조용조용히 움직여. 코뿔소는 놀라면 난폭해져. 코뿔소는 *근시안이라 우리가 아주 조심하면 우리를 잘 보지 못하거든."

질리언은 동물에 관한 지식이 많은 제인 구달의 말을 따라 행동해 두 사람은 무사히 위험을 벗어날 수 있었다.

그러던 어느 날, 산책을 하던 질리언과 제인 구달이 동시에 걸음을 멈추었다. 돌아보니 삼십여 미터도 안 되는 거리에 사자 한 마리가 서 있었다. 제인 구달은 등골이 오싹했다.

질리언은 파랗게 질려 중얼거렸다.

"얼른 도망치자. 골짜기 아래를 향해 뛰어가서 덤불 속으로 숨으면 되지 않을까?"

---

* **근시안** | 시력이 약하여 가까운 데 있는 것은 잘 보아도 먼 데 있는 것은 잘 보지 못하는 눈.

그러나 제인 구달은 질리언의 생각이 옳지 않다는 걸 알고 있었다. 덤불숲으로 도망치는 건 훨씬 위험한 방법이었다. 그렇게 되면 덤불숲도 잘 달리는 사자에게 쉽게 붙잡힐 터였다.

제인 구달은 다급한 목소리로 질리언에게 말했다.

"골짜기가 아닌 들판 쪽을 향해 달려. 그래서 들판 높은 곳으로 뛰어 올라가야 해."

"뭐라고? 그럼 오히려 붙잡힐 것 같은데?"

"아니야, 내 말대로 해. 질리언, 얼른 뛰어!"

제인 구달은 단호하게 말했다.

질리언은 제인 구달이 말한 것이 못마땅했지만 동물에 관한 일이라 그대로 따랐다. 제인 구달과 질리언이 달리기 시작하자 사자도 뛰어왔다. 그러나 두 사람이 들판의 높은 곳으로 뛰어 올라가는 걸 본 사자는 백 미터쯤 따라오다 물러갔다.

무사히 텐트로 돌아오자, 질리언이 리키 박사에게 방금 전에 벌어진 일을 호들갑스럽게 늘어놓았다.

"박사님, 사자가 우리를 노려보는데 얼마나 무서웠는지 몰라요. 어떻게 달아났는지 기억도 나지 않아요."

"암, 그 상황이라면 누구라도 당황했을 거야."

리키 박사는 고개를 끄덕이며 말했다. 그러자 질리언은 생각난 듯이 물었다.

"그런데 박사님, 저는 사자가 쫓아올 때 골짜기 아래로 달려가서 덤불숲에 숨자고 했거든요. 물론 제인 양이 들판 위로 올라가자고 해서 그 말을 들었지만요. 만약 제 생각대로 덤불숲에 숨었다면 훨씬 덜 힘들었겠지요?"

가만히 질리언이 하는 말을 끝까지 들은 리키 박사는 빙그레 웃으며 말했다.

"제인 양의 판단이 옳았네. 정말 큰일 날 뻔했는데 무사히 돌아와서 다행이야."

화석 발굴 탐사가 끝나자, 제인 구달은 몹시 아쉬웠다. 모든 자연과 동물이 살아 숨 쉬는 그곳을 떠나고 싶지 않았다. 다시 나이로비로 돌아가 사무실에 갇힌다면 너무 답답할 것 같았다. 그나마 다행인 것은 박물관으로 돌아오더라도 아프리카 동물에 대하여 잘 아는 리키 박사 밑에서 일을 할 수 있다는 점이었다.

시크릿 포인트 4
Secret Point

기회를 기다리는 동안

준비를 철저히 하라

어떤 일을 하기 전에 준비를 철저히 하느냐 그렇게 하지 않느냐는 그 일의 성패를 가를 만큼 중요한 차이예요. 제대로 준비를 하지 않으면 시작도 못 해 보거나 기회조차 못 얻을 수도 있어요. 무슨 일을 하기로 결정되었을 때만 준비가 필요한 게 아니에요. 기회를 기다리는 동안 준비를 해 두는 것이 좋아요. 이것은 거꾸로 말하면 준비를 하고 있으면 반드시 기회는 온다는 뜻과도 같아요. 여러분은 어떤가요? 미리미리 준비를 하는 편인가요?

제인 구달은 아프리카로 떠나기 전에 동물에 관한 책을 많이 읽었어요. 그래서 어지간한 사람들보다 동물에 대해 훨씬 많은 지식을 가지고 있었지요. 그 덕분에 루이스 리키 박사의 비서가 될 수 있었어요. 만약 제인 구달이 동물을 좋아하기만 하고 어떤 노력도 하지 않았다면 리키 박사의 비서가 될 수 없었을 거예요. 언제 동물을 연구할 기회가 올지 몰랐지만, 꾸준히 준비를 했기에 그런 인연을 맺을 수 있었던 거예요.

보통 사람들은 기회가 오면 그때 해도 충분하다거나, 닥치면 다 할 수 있다고 말하기도 해요. 하지만 마냥 기회가 오기만 바랄 게 아니라 기회가 왔을 때 바로 잡을 수 있도록 준비하는 사람이 되어야 해요. 당장 필요한 일도 중요하지만, 무엇이든 미리 준비하는 습관을 기른다면 언제든 좋은 기회가 왔을 때 잘 할 수 있으니까요.

5 동물을 사랑하는 법

제인 구달은 사람들에게 말했다.
"인간이 야생 동물을 애완용으로 기르는 것은 옳지 않습니다.
그것은 야생 동물을 사랑해서가 아니라,
사람이 소유하고 싶은 욕심 때문이에요."

나이로비로 돌아온 제인 구달은 사는 곳을 옮겼다. 마침 박물관 직원들이 살 수 있는 아파트가 나와 그곳으로 이사를 했다. 아파트에 사는 사람들은 박물관 직원답게 동물에 대한 지식이 풍부했다. 제인 구달은 그들에게 아프리카 동물에 대하여 더 많은 걸 배울 수 있어서 좋았다.

제인 구달이 아파트 생활에 익숙해진 어느 날, 반가운 사람이 찾아왔다. 번머스에서 함께 악어 클럽 활동을 했던 사촌 샐리였다. 제인 구달은 반갑게 샐리를 맞았다.

"어서 와, 샐리! 아프리카에는 어쩐 일

이야?"

"응, 나 교사가 되었거든. 이번에 나이로비에 있는 학교에서 아이들을 가르치게 되었어."

"정말 잘됐다!"

제인 구달과 샐리는 얼싸안고 좋아했다.

동물을 좋아한 제인 구달과 샐리는 길에 버려진 동물들을 데려다 키우기도 했다. 이웃 사람들도 어미 잃은 불쌍한 새끼를 보면 제인 구달에게 가져오곤 했다.

"이것 좀 보세요. 어제 시장에 갔는데, 이 불쌍한 것이 묶여 있지 뭐예요. 제인 양 생각이 나서 내가 데려왔어요."

"잘 하셨어요. 제가 잘 돌볼게요."

제인 구달이 처음으로 키우게 된 동물은 부시베이비였다. 부시베이비는 여우원숭이 일종으로 작은 다람쥐처럼 생겼다.

"어머, 귀엽다! 네 이름은 이제부터 '레비'라고 하자."

제인 구달은 새 식구가 된 부시베이비에게 레비라는 이름을 붙여 주었다. 제인 구달은 출근할 때면 레비를 사무실로 데리고 갔다. 동물을 가둬 놓고 기르는 것은 결코 좋지 않다고 생각했기 때문이었다.

어느 날 리키 박사에게 손님이 찾아왔다. 낯선 사람의 목소리에 잠이 깬 레비가 게슴츠레한 눈으로 아래를 내려다보았다. 그러더니 눈 깜짝할 사이에 손님 어깨 위로 훌쩍 뛰어내렸다.

"으악! 이게 뭐야."

손님은 깜짝 놀라 엎어지고 말았다. 그 손님이 돌아간 뒤 제인 구달은 어쩔 줄 몰라 하며 리키 박사에게 사과했다.

"박사님, 정말 죄송해요. 레비 때문에 박사님 손님을 놀라게 해 드려서요."

그러나 리키 박사는 조금도 나무라지 않았다. 오히려 껄껄 웃으며 손님 흉을 보았다.

"그 사람 심장이 약한 탓이야. 아프리카에서 살려면 그 정도 일은 감당해 낼 튼튼한 심장을 가지고 있어야지."

제인 구달은 그제야 마음 놓고 웃을 수 있었다.

제인 구달과 함께 살게 된 동물은 레비뿐만이 아니었다. 시간이 지날수록 동물 식구들은 점점 늘어났다. 개와 고양이는 말할 것도 없고, 시장 진열대에 불쌍하게 매여 있던 *베르베트 원숭이 '코비'와 *몽구스 '킵', 그리고 코비 아내 '레터스'와 킵 아내인 '미시즈 킵'이 있었

---

* **베르베트 원숭이** | 남아프리카에 사는 긴꼬리원숭이 가운데 한 종.
* **몽구스** | 고양이족제비라고도 하는 작은 짐승으로, 뱀이나 물고기나 곤충 따위를 잡아먹음.

다. 또 고슴도치 한 마리와 샐리가 학교 실험실에서 데려온 쥐도 키우게 되었다.

곧 제인 구달과 샐리가 사는 곳은 작은 동물원이 되었다. 제인 구달은 동물들을 볼 때마다 중얼거렸다.

"너희들은 우리가 기르는 게 아니야. 그냥 우리랑 함께 사는 거야."

제인 구달과 샐리는 시간이 날 때마다 동물들을 모두 차에 태워 랑가타 숲으로 데려갔다. 제인 구달이 차를 멈추면 동물들은 신이 나서 뛰어내리고는 흩어져 놀았다. 그러다가 제인 구달이 돌아가려고 차에 시동을 걸면 모두 돌아와 차에 탔다.

사실 제인 구달은 동물들이 숲으로 돌아가 살기를 바랐다. 그런데 동물들은 숲으로 갈 생각을 하지 않고, 모두 자동차로 돌아오곤 했다. 스스로 돌아와 자동차에 오르는 동물들을 보며, 제인 구달은 걱정스럽게 말했다.

"동물은 한번 길들여지고 나면 야생으로 돌아가는 걸 잊어버려. 그러니 야생 동물을 애완용으로 길러서는 안 돼."

샐리의 생각도 같았다.

"야생 동물이 사람과 살게 되면 나중에 야생 생활에 적응하지 못해서 안타깝게 죽을지도 몰라."

다행히 다 자란 고슴도치는 숲에다 풀어 주자 떠나갔고, 미시즈 킵도 떠났다. 그렇지만 킵만은 떠날 생각을 하지 않았다. 킵은 제인 구달과 가장 오래도록 함께 지냈다. 결국 킵은 어느 날 집 밖으로 나가서는 돌아오지 못했다. 야생에서 스스로 살아갈 힘이 없는 킵이 가엾게 죽을 것을 생각하자, 제인 구달은 너무나 마음이 아팠다.

이 일을 계기로 제인 구달은 야생 동물을 애완용으로 팔기 위해 잡아들이는 밀렵을 막는 운동을 벌이게 되었다. 제인 구달은 사람들에게 말했다.

"인간이 야생 동물을 애완용으로 기르는 것은 옳지 않습니다. 그것은 야생 동물을 사랑해서가 아니라 사람이 소유하고 싶은 욕심 때문이에요."

야생 동물을 보호하려는 마음은 리키 박사도 마찬가지였다. 리키 박사는 표범이 마을에 나타나 가축과 사람들을 괴롭히는 사고가 났을 때, 표범을 죽이지 말고 산 채로 잡아야 한다고 주장했다. 그래서 표범 *생포 작전을 직접 지휘했다. 그는 *밀림에 대한 지식이 누구보다 많았다. 그래서 덫을 놓아 표범을 죽이지 않고 잡아들이는 데 성공했다.

---

* **생포** | 산 채로 잡음.
* **밀림** | 큰 나무들이 빽빽하게 들어선 깊은 숲.

표범을 국립공원으로 데려가 풀어 주기로 하고, 창살로 된 우리가 있는 트럭에 실었다. 제인 구달은 사나운 눈빛과 날카로운 이를 내보이며 실려 가는 표범을 흐뭇하게 지켜보았다. 그러면서 중얼거렸다.

"용감하고 도전적인 그 모습으로 네 영토를 지키며 살아가렴. 그게 가장 너다운 생활이야."

제인 구달이 리키 박사 밑에서 일한 지 아홉 달이 지났다. 제인 구달은 그동안 자기가 모은 돈을 계산하다 어머니를 떠올렸다.

'아직까지 내가 어머니를 위해 해 드린 것이 없구나. 어머니는 나를 위해 모든 걸 아끼지 않으셨는데……. 그래, 어머니를 위해 이 돈을 쓰는 거야.'

제인 구달은 어머니를 아프리카로 부르기로 했다.

'어머니는 아프리카 동물을 보고 싶어 한 나를 이해하셨으니까 분명 아프리카에도 오고 싶어 하실 거야.'

제인 구달은 어머니가 비행기를 타고 오실 수 있도록 돈을 부쳤다. 짐작대로 어머니는 매우 기뻐하며 아프리카로 오겠다고 했다. 몇 주 뒤 어머니가 아프리카에 도착했다.

"제인, 아프리카는 정말 멋지구나. 내가 짐작했던 것보다 훨씬 더 근사한걸!"

"어머니도 분명 좋아하실 거라 믿었어요."

제인 구달은 자기가 일하는 박물관은 물론 케냐의 이곳저곳을 어머니에게 안내해 드렸다. 어머니는 제인 구달이 알고 지내는 모든 사람들과 금세 친해졌다.

"제인, 네 덕분에 내가 정말 좋은 구경을 했구나. 네가 편지로 알려 준 대로 이곳은 정말 근사한 곳이야."

제인 구달은 오랜만에 어머니와 즐거운 시간을 보냈다.

한편 리키 박사는 여전히 화석을 연구했다. 리키 박사는 문제가 잘 풀리지 않을 때면 제인 구달에게 답답한 심정을 털어놓곤 했다.

"아주 오래전에 인간은 어떻게 살았는지 알고 싶은데, 어렵구만."

"그런 걸 알아내려고 발굴하시는 거 아니에요?"

"화석만으로는 알 수가 없으니 안타까울 뿐이지."

리키 박사가 연구하는 것은 화석과 고생물학으로

둘 다 죽은 것을 다루는 일이었다.

제인 구달은 그런 리키 박사의 고

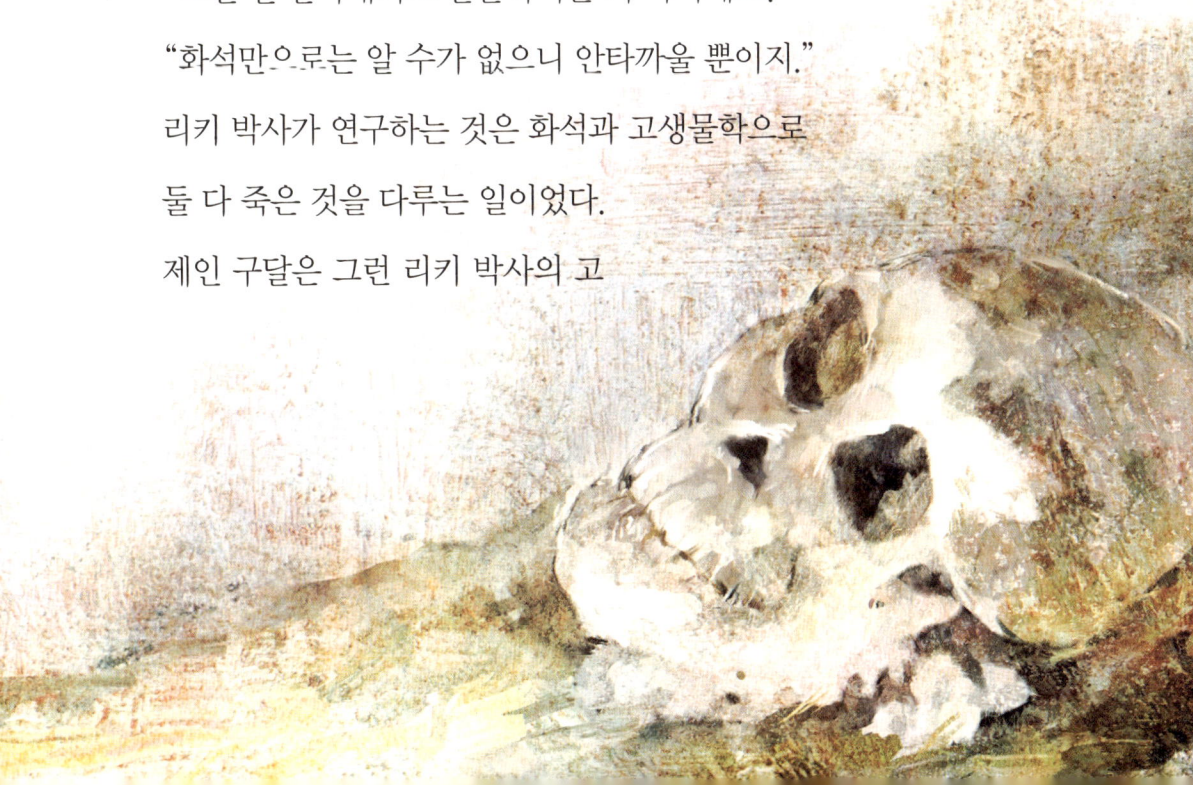

민을 이해할 수 있었다. 하지만 제인 구달이 연구하고 싶은 것은 죽은 동물이 아니었다.

'나는 살아 있는 동물에 대해 알고 싶어. 둘리틀 박사처럼 동물들과 이야기를 나누고, 타잔처럼 그들과 함께 살고 싶은걸.'

제인 구달은 리키 박사에게 물었다.

"그렇다면 박사님, 인류와 가장 비슷하면서 지금 살아 있는 동물을 연구해 보는 것은 어때요?"

그러자 리키 박사 눈이 빛났다.

"제인 양도 그렇게 생각한다니 반갑군."

이번에는 리키 박사가 제인 구달에게 물었다.

"그렇다면 자네는 어떤 동물이 인류의 조상과 가장 비슷하다고 생각하나?"

제인 구달은 조금도 머뭇거리지 않고 대답했다.

"아무래도 침팬지나 오랑우탄, 고릴라겠지요."

"그렇겠지."

리키 박사는 혼잣말처럼 중얼거렸다.

"침팬지를 연구하면 좋겠지만, 위험한 일이야. 침팬지는 인간보다 힘이 세서 연구하는 일이 쉽지 않아."

리키 박사는 오래전에 살았던 인류를 이해하려면 침팬지를 연구하는 게 가장 좋다는 걸 알고 있었다. 침팬지가 인간과 생물학적으로 가장 가깝기 때문이었다. 하지만 그 당시에 침팬지를 연구하는 것은 쉬운 일이 아니었다. 리키 박사는 더 이상 입을 열지 않았다.

제인 구달은 리키 박사와 나눈 대화가 몇 날 며칠 머릿속을 떠나지 않았다.

'내가 침팬지 연구를 하면 안 될까? 꼭 해 보고 싶어.'

살아 있는 동물을 관찰하고 연구하는 것은 제인 구달이 오랫동안 꿈꿔 온 일이었다. 그러나 금방 실망 섞인 푸념이 튀어나왔다.

"내가 어떻게 그런 연구를 할 수 있겠어. 대학도 안 다닌 내가 연구를 하고 싶어 하다니 말도 안 돼. 나는 어디서 어떻게 침팬지를 연구해야 하는지도 모르잖아."

그렇지만 제인 구달은 마음을 쉬이 접을 수 없었다. 침팬지를 연구하고 싶다는 소망은 시간이 흐를수록 점점 더 강해졌다.

시크릿 포인트 5
Secret Point

마음이 담긴
원칙을 만들어라

할아버지와 할머니가 손자 손녀인 여러분을 사랑스러워하시는 것은 당연한 일이지요. 그런데 만약, 여러분이 귀엽고 사랑스럽다고 해서 그분들이 살고 계신 깊은 산골에서 함께 살자고 한다면 어떨까요? 동무도 없고 학교도 없는 곳인데 말이에요. 산골에서 동무도 없이 오랫동안 살게 된다면 여러분은 앞으로 어떻게 될까요? 야생에서 사는 동물들도 마찬가지예요. 귀엽다고 함부로 잡아 애완용으로 기른다면 동물들은 무척 힘이 들 거예요.

샐리와 함께 살게 된 제인 구달은 버려지거나 위험에 빠진 동물들을 데려와 키우기 시작했어요. 하지만 도시에서 사람들이 하듯이 철창에 가둬 놓지는 않았어요. 그래서 동물들은 자유롭게 지낼 수 있었어요. 그것이 바로 제인 구달의 원칙이었으니까요. 동물들은 그런 제인 구달과 스스럼없이 함께 살았지요. 제인 구달은 사람들이 야생 동물을 애완용으로 기르는 것은 사랑이 아니라 사람들의 이기심 때문이라고 했어요. 사람에게 길들여진 야생 동물은 다시는 자연으로 돌아가 살 수 없기 때문이지요. 제인 구달이 자연스럽게 여러 동물들과 함께 보낸 시간은 나중에 침팬지를 연구하는 데 큰 도움이 되었어요.

동물학자가 아니더라도 모든 생명을 소중하게 여기는 것은 우리들이 꼭 가져야 할 마음이에요. 아무리 성공을 한다고 해도 자연과 생명이 바탕에 없으면 메마른 땅처럼 그 삶이 쓸쓸할 테니까요.

6 연구원이 된 제인 구달

'마침내 내 꿈이 이루어지는 거야.
나는 이제 둘리틀 박사도 타잔도 부럽지 않은 생활을 하면서
침팬지의 좋은 친구가 될 거야. 그리고 열심히 연구해서
리키 박사님께도 도움이 되고 싶어.'

제인 구달은 리키 박사가 말한 침팬지 연구를 꼭 하고 싶었다.

'침팬지와 함께 생활하며 연구하는 일은 내가 정말 바라던 거야. 바로 그런 일을 하고 싶어서 아프리카로 온 거잖아.'

여러 날 생각을 거듭한 제인 구달은 드디어 결심을 했다. 그리고 그 결심이 사라지지 않게 하려고 중얼거렸다.

"거절당하면 실망이 크겠지만, 부딪쳐 보지도 않고 생각만 하는 것보다는 나을 거야."

하지만 막상 말을 꺼내려니 걱정이 앞섰다. 그동안 일을 하며 리키 박사에게 인정을 받았고, 친한 사이가 되었지만 그것과 연구는 다르다는 것을 잘 알기 때문이었다. 그래도 침팬지 연구에 대한 꿈을 접기에는 너무 아쉬웠다.

제인 구달은 좀처럼 떨어지지 않는 입을 뗐다.

"저, 박사님! 말씀 드릴 게 있어요."

"허허, 무슨 말인지 해 보게."

리키 박사가 하던 일을 멈추고 제인 구달을 바라보았다. 그러자 제인 구달은 용기를 내어 말했다.

"전에 말씀하신 침팬지 연구에 대한 것 말인데요, 제가 그것을 한번 해 보고 싶어요."

그 말을 들은 리키 박사는 대뜸 물었다.

"그 이야기를 내가 괜히 자네한테 꺼낸 줄 알았나?"

제인 구달은 영문을 몰라 리키 박사를 가만히 바라보았다. 그러자 리키 박사는 크게 웃으며 말을 이었다.

"자네 입에서 그 말이 나오기를 기다리고 있었네. 그 일에는 자네가 딱 맞춤한 *적임자인데, 워낙 힘든 일이라서 스스로 하고 싶어 해야만 하기 때문에 내가 먼저 부탁할 수는 없었다네."

---

* **적임자** | 어떠한 일이나 임무에 알맞은 사람.

제인 구달은 눈을 동그랗게 뜨고 리키 박사에게 물었다.

"그렇지만 박사님! 저는 대학교도 나오지 않았고, 아무런 학위도 없는데 정말 연구를 해도 될까요?"

리키 박사는 따뜻한 눈길로 제인 구달을 바라보았다.

"제인 양, 침팬지를 연구하는 데 경험이나 학위는 문제가 되지 않는다네. 그 일에는 책에서 배운 지식으로 머리가 가득 찬 사람보다는 조심스럽게 관찰하고 정확하게 기록할 사람이 제격이지. 또 진정으로 침팬지를 사랑하고 아끼는 마음으로 그들과 함께 살면서 행동을 관찰하려면 무엇보다 참을성이 필요하고."

제인 구달은 그때서야 얼굴 가득 자신감을 보이며 말했다.

"박사님, 참을성 하면 바로 저예요! 고맙습니다, 정말 고맙습니다. 저, 잘 할 수 있어요."

"그래, 자네라면 잘 할 수 있을 거야. 하지만 들뜨지 말고 차분히 준비해야 할 것이네. 쉽지 않을 거야."

"네!"

제인 구달은 큰 소리로 대답했다. 리키 박사는 그런 제인 구달을 바라보며 한 가지 다짐을 받았다.

"그리고, 이번 연구가 성공하면 대학교에서 학위를 받는 일도 해야 할 걸세."

"학위요?"

"맞네, 학위를 받고 논문도 써야 자네가 연구한 내용을 인정받을 수 있으니까."

"고맙습니다! 박사님."

"나야말로 고마워할 일이지. 자네처럼 훌륭한 연구원을 얻었으니 말일세."

리키 박사도 제인 구달 못지않게 기뻐했다. 제인 구달은 들뜬 목소리로 물었다.

"저는 언제 출발하면 될까요?"

제인 구달은 당장이라도 떠나고 싶은 마음이었다. 그렇지만 리키 박사의 대답은 달랐다.

"침팬지를 연구하는 것은 과정도 어렵지만, 그 시작도 쉬운 일이 아닐세. 지금부터 계획을 세워 하나하나 준비해야 하네. 해결해야 할 일이 한두 가지가 아니거든. 가장 먼저 연구를 할 수 있는 기금을 모아야 하고, 또……."

"또 뭐죠?"

"그곳에 침팬지를 연구하러 들어가도 된다는 허락, 그러니까 케냐로부터 *체류 허가를 받아 내야지. 그렇지 않으면 시작조차 못 할 수도 있어."

"기금을 모으는 데는 시간이 얼마나 걸리나요?"

"아무리 짧게 잡아도 일 년은 걸릴 것 같군."

"일 년이나요?"

제인 구달은 실망한 목소리로 되물었다. 그러나 리키 박사는 차분하게 앞으로 일을 지시했다.

"일 년은 긴 시간이 아니야. 그동안 자네는 영국으로 돌아가 연구에 필요한 준비를 해야 하네. 물론 지금도 동물에 대해서 많은 것들을 알고 있지만 그 정도로는 안 돼. 침팬지에 대하여 배울 수 있는 모든 걸 배워 두도록 하게."

제인 구달은 곧 영국으로 돌아갔다. 아프리카로 떠난 지 일 년 만이었다. 영국으로 돌아온 제인 구달은 런던에 있는 동물원에서 일자리를 구했다. 동물원에서 일하는 동안 제인 구달은 침팬지에 대한 모든 책과 자료를 읽기로 마음먹었다.

하지만 제인 구달이 볼 수 있는 자료는 많지 않았다. 실험실이나 사

---

* **체류** | 객지에 가서 머물러 있음.

람이 집에서 키우는 침팬지에 대한 자료가 조금 있을 뿐이었다. 하지만 제인 구달은 많지 않은 자료를 통해서도 침팬지가 얼마나 영리한 동물인지 알 수 있었다. 그리고 침팬지가 그 어떤 동물보다 인간과 비슷하다는 확신도 가지게 되었다.

시간은 빠르게 흘러갔다. 처음에는 연구를 하러 떠날 생각에 설레었지만, 제인 구달은 점점 초조해졌다. 연구를 할 돈을 마련하는 것도, 정부의 허가를 받는 것도 쉽게 될 것 같지 않았다.

'이러다 영영 아프리카로 못 가는 것은 아닐까?'

침팬지 숲에서 침팬지들과 함께 지내는 것은 제인 구달에게 꿈같은 일이었기에 기다림은 더 길게 느껴졌다. 만약 이대로 연구를 할 수 없게 된다면 제인 구달은 너무나 실망스러울 것 같았다.

그렇게 일 년이 흐른 어느 날, 드디어 리키 박사로부터 편지가 왔다. 편지에는 그동안 있었던 일들이 자세하게 적혀 있었다.

그즈음 탕가니카는 영국의 *식민지여서 그곳에 머물려면 영국 정부의 허가를 받아야 했다. 리키 박사가 보낸 편지에는 그 일이 아주 까다로웠다고 적혀 있었다. 다른 무엇보다 젊은 여자 혼자 밀림에 들어

---

* **식민지** | 정치적, 경제적으로 다른 나라에 속하여 국가로서 주권을 빼앗긴 나라.

가는 것은 큰 위험이 따르는 일이라, 허락해 줄 수 없다는 것이었다. 그래서 반드시 같이 들어가는 사람이 있어야 한다는 조건으로 허가를 받았다고 했다.

"함께 갈 사람이라고?"

제인 구달은 두말할 것도 없이 어머니와 함께 가기로 마음먹었다. 어릴 때부터 자신을 믿어 준 어머니라면 함께 가 줄 것이며 또 연구하는 데도 도움이 될 것 같았다.

"어머니, 이번 연구는 꼭 누군가와 함께 해야 한대요. 저는 어머니랑 같이 아프리카로 가고 싶은데, 어머니는 어떠세요?"

"제인, 나야 언제라도 좋단다. 안 그래도 다시 아프리카에 가고 싶었는걸. 그리고 다른 무엇보다도 침팬지를 연구하는 네 모습을 꼭 보고 싶구나."

"고마워요, 어머니."

제인 구달과 어머니는 바로 짐을 꾸려 나이로비로 향했다. 리키 박사는 밝은 목소리로 말했다.

"제인 양, 행운을 비네. 그리고 침팬지 숲으로 들어가기 전에 연구와 생활에 필요한 모든 것을 준비하게."

제인 구달은 꼼꼼하게 짐을 챙겼다. 사람이 자연 속으로 들어가 동물과 함께 지내기 위해 준비할 것은 참으로 많았다. 야영에 필요한 텐트, 이부자리, 음식을 만드는 데 필요한 도구들과 오래 두고 먹어도 될 통조림도 준비했다. 밀림에 어우러져 동물들 눈에 잘 띄지 않을 초록색 옷과 망원경, 기록을 할 수 있는 필기도구와 공책 등 이루 헤아릴 수 없을 만큼 많았다.

그러나 제인 구달은 그다지 힘든 줄 몰랐다. 오히려 어려서부터 지금까지 꿔 온 꿈이 이루어진다고 생각하니 흥분이 되었다.

그런데 준비가 다 되었을 때, 리키 박사에게서 뜻밖의 전보가 날아왔다. 탕가니카 야생 동물 보호국장이 보낸 것이었다.

> 탕가니카 호수 어부들 사이에 *어업권을 놓고 싸움이 일어남.
> 연구원 안전을 보장할 수 없는 상황임.
> 연구 시작을 뒤로 미루기 바람.

몹시 실망스러운 소식이었다. 그렇지만 리키 박사는 제인 구달을 다독이며 말했다.

---

* **어업권** | 국가의 허락을 받아 정해진 바다에서 물고기를 잡을 수 있는 권리.

"제인 양, 너무 실망하지 말게. 이것이 오히려 좋은 기회가 될 수도 있어. 그곳 분쟁이 끝날 때까지 롤루에 섬으로 가서 베르베트 원숭이를 관찰하게. 야생 침팬지를 관찰하기 전에 미리 경험을 쌓는 좋은 기회가 될 걸세."

롤루에 섬은 빅토리아 호수 안에 있는 무인도였다. 제인 구달은 리키 박사의 말대로 밀림으로 들어가 제대로 된 연구를 하기 전에 경험을 쌓는 것이라고 생각하고, 롤루에 섬으로 갔다.

하지만 베르베트 원숭이를 보는 것은 쉽지 않았다. 제인 구달은 롤루에 섬에 도착한 지 열흘이 지나서야 겨우 원숭이 무리에 가까이 갈 수 있었다. 제인 구달은 하루 종일 원숭이들이 움직이는 것을 관찰했다. 그리고 모든 것을 차근차근히 기록했다.

그러던 어느 날이었다. 제인 구달은 무성한 덤불을 지나고 있었다. 천천히 걷고 있던 제인 구달은 뒤에서 무언가 살금살금 다가오는 기척을 느꼈다. 제인 구달은 몸이 굳었다. 보통 때는 순하지만 화가 나면 무척 사나워지는 하마일지도 모른다는 생각이 들었다. 제인 구달이 꼼짝하지 않자, 덤불 사이로 사람이 모습을 드러냈다.

"살려 주세요!"

깜짝 놀란 제인 구달은 소리를 질렀다. 아프리카 사람이 제인 구달

에게 창을 겨누고 있었다.

"여기는 우리가 사냥하는 곳이다. 당장 떠나라! 한 번만 더 내 눈에 띄면 그때는 가만두지 않겠다."

제인 구달은 고개를 끄덕이고 있는 힘을 다해 달아났다. 그리고 그

뒤로는 다시는 그 덤불로 가지 않았다.

그렇게 사 주가 지났을 때였다. 드디어 침팬지 숲으로 갈 수 있게 되었다는 소식이 들려왔다. 제인 구달은 서둘러 짐을 쌌다. 나이로비로 돌아오니 리키 박사가 모든 준비를 다 해 놓고 있었다.

리키 박사가 자동차에 짐을 싣고 기다리는 사람을 소개했다.

"제인 양, 이분은 곰비 공원에서 가장 가까운 키고마 마을까지 자네를 데려다 줄 버나드 씨네."

"잘 부탁드려요, 버나드 씨."

제인 구달은 환하게 웃으며 인사를 했다.

버나드가 차를 운전해 일행은 사흘 만에 키고마에 도착했다. 숙소에 짐을 푼 제인 구달은 그 지역 담당 관리에게 인사를 하러 갔다. 그런데 또 좋지 않은 소식이 기다리고 있었다.

목적지 건너편 콩고에서 *반란이 일어났는데, 원주민들이 백인들을 죽이고 있으니 몹시 위험하다는 것이었다. 또다시 키고마에 머물러 있을 수밖에 없었다.

언제쯤 침팬지 숲으로 갈 수 있을지 알 수 없는 형편이었다. 제인

---

* **반란** | 정부나 지도자 따위에 반대하여 내란을 일으킴.

구달은 계획이 또 미뤄지자 매우 초조해졌다.

'이대로 가다가 영영 침팬지 연구를 할 수 없게 되는 것 아닐까?'

걱정 속에 많은 날이 흘렀을 때, 마침내 가도 된다는 허락이 떨어졌다. 마지막 점검을 하면서 제인 구달은 식사를 준비해 줄 요리사를 한 사람 구했다. 도미니크라는 원주민이었다.

연구에 필요한 많은 짐과 장비는 정부에서 빌려 준 배에 실었다. 짐은 가짓수가 많았지만, 생활에 필요한 것은 많지 않았다. 각자 사용할 식사용 칼과 포크, 숟가락, 그리고 접시와 컵이 다였다. 짐을 싣는 동안 제인 구달은 꿈과 희망에 부풀어 굳게 마음을 다졌다.

'드디어 출발하는구나. 마침내 내 꿈이 이루어지는 거야. 나는 이제 둘리틀 박사도, 타잔도 부럽지 않은 생활을 하면서 침팬지의 좋은 친구가 될 거야. 그리고 열심히 연구해서 리키 박사님께도 도움이 되고 싶어.'

하지만 이런 제인 구달과는 달리 운전을 하는 버나드는 편치 않은 표정이었다.

'저 젊은 여자와 어머니를 다시는 볼 수 없을 거야. 위험하기 짝이 없는 침팬지 연구를 하려고 밀림으로 들어가다니 정신 나간 사람들이라니까.'

이 생각은 버나드만 한 게 아니었다. 침팬지를 연구하러 떠나는 제인 구달을 본 사람들은 작은 목소리로 쑥덕거렸다.

"제대로 동물을 연구해 본 경험도 없는 사람이 해낼 수 있을까?"

"그러게 말이야. 저 여자는 대학 교육도 안 받았다던데."

"석 달도 못 넘기고 도로 나오겠지, 뭐."

그렇지만 제인 구달은 꿋꿋했다.

침팬지 숲으로 향하는 제인 구달에게는 앞날에 대한 기대와 드디어 꿈을 이루게 되었다는 흥분만이 가득했다.

시크릿 포인트 6
Secret Point

선택을 신중하게 하라

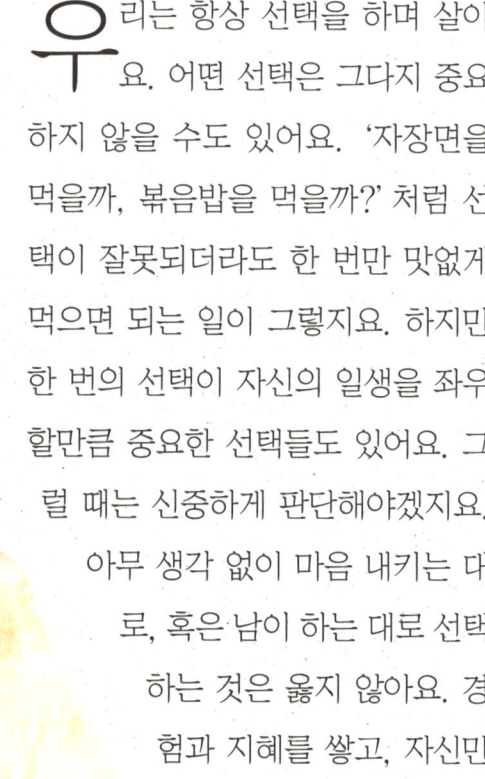

우리는 항상 선택을 하며 살아요. 어떤 선택은 그다지 중요하지 않을 수도 있어요. '자장면을 먹을까, 볶음밥을 먹을까?' 처럼 선택이 잘못되더라도 한 번만 맛없게 먹으면 되는 일이 그렇지요. 하지만 한 번의 선택이 자신의 일생을 좌우할만큼 중요한 선택들도 있어요. 그럴 때는 신중하게 판단해야겠지요. 아무 생각 없이 마음 내키는 대로, 혹은 남이 하는 대로 선택하는 것은 옳지 않아요. 경험과 지혜를 쌓고, 자신만

의 뚜렷한 주관이 있으면 좀 더 신중하게 선택을 할 수 있어요.

　제인 구달은 침팬지 연구에 뛰어들지 않을 수도 있었어요. 박물관에서 계속 일을 할 수도 있었고, 리키 박사 밑에서 화석 연구를 하여 고생물학자가 될 수도 있었지요. 그렇지만 제인 구달은 침팬지 연구를 택했어요. 침팬지 연구를 위해 밀림으로 들어가는 것은 위험한 일이었지만, 야생 동물 연구에 일생을 바치기로 한 어릴 적 꿈을 이룰 수 있는 기회라서 선택한 것이었지요.

　여러분은 아직 경험이 많지 않아서 무언가를 선택할 때 어려울 수 있어요. 하지만 그렇다고 피해서는 안 돼요. 어려서부터 신중하게 선택하는 법을 익히면, 그것이 습관이 되어 나중에 중요한 일을 잘못 선택해 망치는 것을 막을 수 있다는 것을 잊지 마요.

7 곰비 국립공원

드디어 자기 마음대로 돌아다닐 수 있게 되자,
제인 구달은 날마다 새벽 다섯 시 삼십 분에 일어났다.
몇 조각 빵과 커피로 아침 식사를 하고,
침팬지가 있을 만한 곳을 찾아 떠나곤 했다.

　　　　　몇 차례 어려움을 겪은 제인 구달은 마침내 곰비 국립공원에 도착했다. 배에서 내리자, 국립공원 정찰 대원 두 명이 다가왔다. 그중 한 사람이 자신들을 소개했다.

"어서 오세요. 저는 아돌프라고 합니다. 이쪽은 라시디입니다."

"네, 반갑습니다. 앞으로 자주 뵙게 되겠지요?"

제인 구달 일행은 정찰 대원들의 도움을 받아 시냇가 근처 나무 그늘 아래에 숙소가 될 텐트를 쳤다.

캠프가 완성되자 아돌프가 말했다.

"캠프 근처를 빼고는 어디든 혼자 돌아다녀서는 안 됩니다. 꼭 저희와 함께 다녀야 합니다."

제인 구달은 순순히 고개를 끄덕였다.

해가 저물어 밀림에서 첫날 밤을 맞이한 제인 구달은 감격스러운

나머지 쉽게 잠을 이룰 수가 없었다. 많은 생각들이 밀려왔다. 맡은 일을 잘 해낼 수 있을지도 걱정스러웠다.

'침팬지들과 빨리 친구가 되어야 할 텐데, 침팬지들이 나를 받아들여 줄까?'

다음 날부터 제인 구달은 침팬지를 찾아 나섰다. 물론 정찰 대원 아돌프와 함께였다.

캠프를 벗어나 한참을 돌아다닌 뒤에야 겨우 침팬지 두 마리를 볼 수 있었다. 침팬지들은 높은 나무 위에서 먹이를 먹고 있었다. 그런데 제인 구달과 아돌프를 보자마자 순식간에 사라져 버렸다. 제인 구달은 안타까웠지만 어쩔 수 없었다. 커다란 나무 가까이 가 보니 작고 동그란 열매가 가득 열려 있었다.

"음술룰라 열매예요."

아돌프가 열매 이름을 가르쳐 주었다.

그런데 그 뒤로 침팬지는 그림자도 볼 수 없었다. 하루가 지나고 이틀이 지나도 눈에 띄지 않았다. 모두 낯선 인간들이 왔다는 연락을 받고 숨어 버린 듯했다.

다시 침팬지를 본 것은 그로부터 일주일이 지난 뒤였다. 그날도 침팬지들은 음술룰라 열매를 먹다가 숲 속으로 사라졌다.

'음술룰라 열매를 좋아하는 모양이구나. 그렇다면!'

제인 구달은 음술룰라 나무가 잘 보이는 곳에 작은 텐트를 치기로 했다. 커다란 음술룰라 나무가 잘 보이는 곳에 텐트를 친 제인 구달은 그곳에서 사흘을 보냈다.

예상대로 많은 침팬지들을 볼 수 있었다. 그러나 너무 멀리 떨어져 있었고, 나무가 무성해 자세히 볼 수 없었다. 더구나 이 무렵 제인 구달은 무엇보다 아돌프의 게으름 때문에 마음이 언짢았다. 아돌프가 일찍 와야 함께 공원 안을 돌아다닐 수 있는데, 아돌프는 날마다 지각을 했다. 몇 번이나 부탁하고 충고했지만, 소용이 없었다. 제인 구달은 하는 수 없이 경비원을 라시디로 교체했다. 라시디는 아돌프보다 훨씬 부지런했다. 골짜기 사이에 난 지름길도 잘 알려 주었고, 침팬지가 나타나는 걸 멀리서도 알아내곤 했다.

그렇게 몇 달이 흘렀으나 제인 구달은 침팬지에 대해 그다지 알아낸 것이 없었다. 가까이 다가가면 침팬지들이 쏜살같이 달아났기 때문이었다. 생각다 못한 제인 구달은 라시디에게 사정했다.

"라시디, 내가 위험한 행동을 하지 않는다는 것은 이제 잘 알지요? 그러니까 혼자서 돌아다니게 해 주세요. 이대로는 도저히 침팬지들과 친해질 수 없어요."

"그건 규정 위반입니다. 절대 안 됩니다."

그러나 제인 구달은 간곡히 부탁했다.

"제발요. 저는 이번 연구를 하기 위해서 오랜 시간 준비를 했어요. 이대로 아무것도 얻지 못한 채 돌아갈 수는 없어요."

결국 라시디는 마지못해 제인 구달의 부탁을 들어주었다.

"좋아요, 제인 양. 앞으로 혼자 다니도록 해요. 하지만 혹시라도 무슨 일이 생기면 내가 쉽게 찾을 수 있도록 늘 어디로 갈지 내게 말해 줘야 합니다. 알겠지요?"

"고마워요, 라시디. 정말 고마워요."

제인 구달은 뛸 듯이 기뻤다. 드디어 자기 마음대로 돌아다닐 수 있게 되자, 제인 구달은 날마다 새벽 다섯 시 삼십 분에 일어났다. 몇 조각 빵과 커피로 아침 식사를 하고, 침팬지가 있을 만한 곳을 찾아 떠나곤 했다.

침팬지를 찾기 가장 좋은 곳은 산꼭대기였다. 우선은 높이 올라가 멀리 떨어져서 망원경으로 살펴보아야 했다. 가까이 가면 침팬지들이 곧 달아나기 때문이었다.

'침팬지는 대여섯 마리가 무리를 지어 다니는구나! 보통 어미와 새끼로 이루어져 있고, 수컷들은 두세 마리씩 무리를 짓고.'

제인 구달은 점점 침팬지가 사는 곳과 여러 가지 습성을 알아낼 수 있었다. 침팬지들은 서로서로 털 고르기를 했다. 서로 털을 골라 주는 일은 매우 중요했다. 털을 깨끗하게 관리하면서 또 서로 친해지기 때문이었다. 제인 구달이 관찰한 결과 곰비 국립공원에는 백오십여 마리의 침팬지가 사는데, 세 골짜기에서 오십 마리 정도씩 무리를 지어 살고 있다는 걸 알게 되었다.

침팬지들은 먹이를 먹을 때 시끄럽게 소리를 지르며 흥분했다. 침팬지들이 먹이를 먹고 떠나면, 제인 구달은 곧 골짜기로 내려가 나뭇잎과 열매들을 모았다. 캠프로 돌아가 이름을 확인하기 위해서였다.

그리하여 침팬지가 열매만 먹는 게 아니라 잎사귀와 꽃과 씨앗과 줄기도 먹는다는 걸 알게 되었다. 어느 때는 짐승도 잡아먹는다는 놀라운 사실을 알아내기도 했다.

하지만 여전히 가까이 다가가지는 못했다. 침팬지 스스로 제인 구달을 믿고 다가오기 전에는 가까워질 수 없다는 걸 아는 제인 구달은 조급해하지 않았다. 날마다 똑같은 옷을 입고 똑같은 곳에 앉아 침팬지를 기다렸다. 그러다 보니 백 미터 정도까지 다가가는 데 일 년이나 걸렸다. 다른 사람 같으면 견디기 힘들 만큼 지루한 일일 수도 있었다. 그러나 제인 구달에겐 남다른 끈기가 있었다.

제인 구달은 차츰 텐트 안이 집처럼 편안하게 느껴졌다. 그때부터는 캠프로 돌아오지 않고 산꼭대기에 쳐 놓은 작은 텐트에서 아예 밤을 새우기도 했다. 표범이 으르렁거리는 소리가 들려도 담요를 뒤집어 쓰고 잠을 푹 잘 수 있었다.

제인 구달은 산꼭대기 텐트에서 지내는 동안 침팬지도 사람처럼 밤에는 잠을 잔다는 것을 알아냈다. 또 보금자리를 어떻게 만드는지도 알 수 있었다.

새로운 사실을 알아낸 날이면 제인

구달은 캠프로 돌아오자마자 어머니에게 자신이 발견한 것을 이야기했다.

"오늘 정말 굉장한 것을 보았어요. 침팬지가 보금자리를 만드는 모습을 봤다니까요! 정말 기가 막히게 손을 잘 써요. 어머니도 보셨으면 아마 깜짝 놀라셨을 거예요. 글쎄, 침팬지가 나뭇가지를 엮더라니까요. 그뿐 아니에요. 보드라운 잎이 많이 달린 잔가지를 모아 베개도 만드는 걸 봤어요."

"어머나, 제인. 대단한 걸 알아냈구나! 나도 내 눈으로 보고 싶어지는걸?"

"맞아요. 정말 혼자 보기 아까웠어요. 그리고 또 알아낸 게 있어요. 침팬지는요, 보통 어미와 다섯 살 정도가 될 때까지 같은 보금자리에서 사는 것 같아요. 그러다가 따로 보금자리를 만들더라고요."

어머니는 제인 구달이 산에서 밤을 새우느라 돌아오지 않을 때면 늘 걱정이 되었다. 그렇지만 이렇게 새로운 것을 알아내고, 기뻐하는 딸의 모습에 근심이 사라지곤 했다.

제인 구달은 캠프로 돌아오는 시간이 아까워 낮이나 밤이나 산속에서 지냈다. 산꼭대기에는 *양철 상자를 갖다 놓았다. 설탕과 커피 같은 마실 것과 컵을 넣어 둔 상자였다. 골짜기 사이를 옮겨 갈 때 잠깐 쉬면서 피로를 풀기 위해서였다.

멀리서 망원경으로 침팬지를 살피던 어느 날, 나뭇가지 사이에 고인 물을 먹고 있는 침팬지가 눈에 띄었다. 그런데 자세히 보니 참으로 놀라운 장면이었다. 제인 구달은 처음에는 침팬지가 고인 물을 먹는 단순한 행동이라 여겼다. 그래서 당연히 손가락으로 찍어 먹을 것이라

---

* **양철** | 녹슬지 않게 만든 얇은 철판.

고 생각했다. 그런데 침팬지는 나뭇잎을 한 주먹 입에 넣어 씹더니 뱉었다. 그런 다음 그것을 물이 고인 구멍에 쑤셔 넣었다 꺼내 물을 빨아먹는 행동을 반복하는 것이었다.

제인 구달은 깜짝 놀랐다.

'나뭇잎을 씹어 스펀지처럼 만들어 사용하다니! 도구를 만들어 쓰는 것은 우리 인간뿐만이 아니야. 침팬지들도 간단한 도구를 만들어 낼 줄 아는구나.'

제인 구달은 캠프로 돌아와 그날 자신이 본 것을 자세하게 적었다.

목표를 향해
온 힘을 다하라

그저 되는 대로 지냈는데 좋은 결과가 나오고, 목표가 이루어지는 일은 거의 없어요. 노력하지 않고도 이루어지는 일이 물론 있을 수도 있어요. 그럴 때 기분은 그다지 좋지 않잖아요! 열성을 다하여 목표를 이루었을 때, 성취감은 훨씬 커요. 성취감을 맛본 사람은 다른 일을 할 때도 최선을 다하게 되지요. 그러니 정해진 목표를 향해 열성을 다하는 사람은 성공한다는 뜻이에요. 우리 스스로도 좋은 결과를 낸 일을 돌아보면 온 힘을 쏟아 열심히 했을 때라는 것을 알 수 있지요.

곰비 국립공원으로 들어간 제인 구달은 참으로 열심히 일했어요. 잠깐 쉬기 위해 캠프로 돌아오는 시간이 아까워 곳곳에 커피와 설탕을 가져다 놓고 산속에서 쉬었어요. 침팬지들이 어떻게 활동하는지 아침부터 관찰하기 위해, 산꼭대기에 텐트를 치고 잠을 자기까지 했어요. 낮에도 무서운 산속에서 그렇게 한 것은 자신이 세운 목표를 향해 열성을 다한 것이라 할 수 있어요. 그렇게 하지 않았다면 침팬지와 가까워질 수 없었을 테고, 그 많은 걸 알아낼 수 없었을 거예요.

무엇을 하든 열성을 다한 경우와 그렇지 않은 경우는 차이가 있지요. 열성을 다하면 분명 결과가 좋다는 믿음을 가지고 노력하는 것도 좋은 방법이에요.

8 침팬지 데이비드

제인 구달은 마음속으로 그 침팬지에게 이름을 지어 주었다.
'데이비드, 네 이름은 데이비드야'
데이비드는 익숙하게 야자나무로 올라가 열매를 따 먹었다.
그런 다음 내려오더니 제인 구달이 준비해 둔 바나나를 가져갔다.

"얘들아, 내가 좀 다가가면 안 되겠니? 언제쯤 나를 친구로 받아들여 줄 거니? 제발 나를 받아 줘."

제인 구달은 침팬지들을 바라보며 몹시 안타까워했다. 가까이 가고 싶은 마음은 굴뚝같지만 그럴 수는 없었다. 지금은 제인 구달이 지켜보는 걸 알면서도 모르는 척해 주는 것만으로도 고마워해야 할 형편이었다.

제인 구달은 안타까움을 안고 캠프로 돌아왔다. 그런데 요리사 도미니크가 뛰어나오더니, 몹시 흥분해서 말했다.

"제인 양, 무슨 일이 있었는지 알면 깜짝 놀랄 거예요. 글쎄 커다란 수컷 침팬지가 이곳으로 내려왔어요!"

도미니크는 마치 자기 일처럼 기뻐했다. 그동안 제인 구달이 침팬지와 친해지려고 얼마나 노력했는지 잘 알고 있었기 때문이었다.

도미니크는 마당에 있는 *야자나무를 가리키며 말을 이었다.

"저기에 올라가서 한 시간도 넘게 열매를 따 먹었어요."

"그게 정말이에요? 스스로 여길 찾아오다니!"

제인 구달은 목이 메어 말을 잇지 못했다. 그런 제인 구달을 보며 도미니크는 그것보다 더 놀라운 이야기라며 텐트를 가리켰다.

"그게 다가 아니에요. 나무에서 내려와 그냥 간 게 아니에요. 저 안으로 들어가서 바나나를 가져갔어요."

참으로 놀라운 사건이었다. 몇 달 동안 달아나기만 하던 침팬지가 캠프를 찾아와서 제인 구달이 사는 텐트 안까지 들어가 바나나를 가져갔다는 것이었다.

다음 날 제인 구달은 아무 데도 가지 않고, 캠프에 남아 있었다. 어제 왔다는 침팬지가 다시 올지 모른다는 기대를 안고 기다렸다. 하지만 점심때가 지나자, 침팬지가 다시 오지 않을지도 모른다는 생각에 초조해졌다.

---

* 야자나무 | 크고 둥그런 열매가 달리며 열대나 아열대 지방에서 자라는 큰키 나무.

그렇게 오후 네 시가 지났을 때였다. 마당 건너편 수풀이 움직이더니 침팬지 한 마리가 엉거주춤 나타났다. 흰 수염이 턱에 텁수룩하게 난 잘생긴 수컷으로, 마주친 적이 여러 번 있는 침팬지였다.

제인 구달은 마음속으로 그 침팬지에게 이름을 지어 주었다.

"데이비드, 네 이름은 데이비드야!"

데이비드는 익숙하게 야자나무로 올라가 열매를 따 먹었다. 그런 다음 내려오더니 제인 구달이 준비해 둔 바나나를 가져갔다. 제인 구달은 너무 기뻐 팔짝팔짝 뛰었다.

"드디어 왔어! 침팬지가 내 곁으로 왔다고!"

데이비드는 다음 날도 어김없이 찾아왔고, 그 야자나무 열매가 다 떨어질 때까지 세 번이나 더 와서 바나나를 챙겨 갔다. 그리고 어떻게 알았는지 마당의 다른 야자나무 열매가 익었을 때 다시 나타났다. 이제 더욱 대담해진 데이비드는 제인 구달이 손에 들고 있는 바나나를 받아 갈 정도가 되었다. 감격한 제인 구달은 손에서 바나나가 사라진 뒤에도 한참이나 자신의 손을 들여다보았다.

"데이비드가 내 손에서 바나나를 가져갔어!"

혹시 잘못 본 게 아니냐는 생각이 들 정도로 믿어지지 않았다.

이제 데이비드는 제인 구달 앞에 스스럼없이 나타났다. 제인 구달이 숲 속을 지나가면 아무렇지도 않게 다가와 셔츠를 들추곤 했다. 제인 구달은 그럴 때마다 셔츠 밑에 바나나를 숨기고 있다가 모르는 척 들켜 주었다.

데이비드가 제인 구달에게 다가오는 것을 본 다른 침팬지들은 처음에는 깜짝 놀라는 눈치였다. 그러나 곧 아무 위험이 없다는 걸 알고 모두 경계를 풀었다. 이제 제인 구달이 가까이 가도 침팬지들은 자연스럽게 받아들였다. 간절히 바라던 일이 몇 달 만에 이루어진 것이었다.

침팬지들이 제인 구달이 가까이 오는 걸 받아들이고부터 두 주일이

지난 어느 날이었다. 제인 구달이 숲 속을 걷다 보니 데이비드가 풀잎 한 장을 꺾고 있었다.

'데이비드가 뭘 하려는 걸까?'

제인 구달은 데이비드의 행동을 지켜보았다. 데이비드는 꺾은 풀잎을 들고 바닥에 웅크려 앉았다. 그리고 구멍 속으로 풀잎을 집어 넣었다. 그것은 흰개미 굴이었다. 한참 뒤에 데이비드가 꺼낸 풀잎에는 흰개미가 잔뜩 붙어 있었다. 데이비드는 흰개미를 훑어 내 씹어 먹었다. 그렇게 풀잎을 다시 구멍에 넣었다 꺼내 개미를 잡아먹는 짓을 여러 번 반복했다. 풀잎이 그만 꺾이자 이번에는 가는 나뭇가지를 꺾었다. 잎을 떼어 낸 나뭇가지를 구멍에 넣어 같은 방법으로 흰개미를 잡아먹는 것이었다. 참으로 놀라운 광경이었다.

'데이비드가 도구를 사용했어! 지난번에 풀을 씹어서 물을 빨아 먹던 침팬지와 같아. 이제 확실해졌어. 침팬지들도 도구를 사용하는 거야.'

제인 구달은 가슴이 뛰는 것을 느꼈다. 이것은 많은 과학자와 세상을 놀라게 할 발견이었다.

제인 구달은 밤이 되어 캠프로

돌아오게 된 날은 하루나 그 며칠 사이 관찰한 것을 꼼꼼히 정리했다. 낮 동안 휘갈겨 놓은 것을 또박또박 옮겼다. 산꼭대기 텐트에서 자는 동안 메모해 둔 것도 다시 정리했다. 정리를 하면서 다음에 더 자세히 관찰해야 할 점을 찾아내기도 했다.

다시 몇 주가 지나는 사이 데이비드는 다른 침팬지들을 데리고 캠프에 나타났다. 제인 구달은 준비해 둔 바나나를 주었다. 그럴 때마다 데이비드는 다른 침팬지들 앞에서 촐랑댔다. 마치 데려온 친구들에게 사탕을 주는 이모나 삼촌이 있어 우쭐대는 어린아이 같았다.

제인 구달은 곧 침팬지마다 서로 다른 얼굴을 가지고 있다는 걸 알게 되었다. 한 마리 한 마리 저마다 성격도 달랐다. 데이비드는 침착하면서도 원하는 게 있으면 꼭 자기 뜻대로 하려 들었다. 캠프에 왔다가 바나나가 준비되어 있지 않으면 텐트 안까지 들어와 마구 뒤지느라 텐트 안을 엉망으로 만들었다.

이런 침팬지들의 모습과 성격을 제인 구달은 하나하나 구분해 가면서 그들에게 이름을 붙였다.

"네 이름은 골리앗이라고 할게."

골리앗은 성격이 과격하여 흥분을 잘 하는 수컷이었다. 침팬지들은 암컷보다 수컷 힘이 센데, 골리앗은 무리의 수컷 중에서 가장 강한 우두머리였다. 하지만 그 자리는 나중에 마이크가 차지했다.

덩치가 작은 마이크가 수컷 우두머리가 되는 과정을 지켜보면서 제인 구달은 또 한 번 놀랐다. 침팬지들도 인간처럼 머리를 쓴다는 걸 알아냈기 때문이었다.

어느 날 마이크는 캠프에서 빈 깡통 두 개를 집어 갔다. 얼마 뒤 갑자기 빈 깡통 소리가 요란하게 숲을 뒤흔들었다. 마이크가 빈 깡통을 다른 수컷들 앞에서 발로 차고 굴리며 달리고 있었다. 모두 놀라 달아났다. 어떤 녀석도 가까이 오지 못하고, 말리지 못했다.

그 일이 있은 뒤로 마이크는 자연스레 무리에서 우두머리가 되었다. 우두머리가 된 마이크는 그 뒤로 육 년 동안이나 우두머리 노릇을 했다.

"조금 소심하고 수줍음을 타는 너는 윌리엄."

"*주먹코에 너덜너덜한 귀를 가진 늙은 암컷 우두머리인 네 이름은 플로."

제인 구달은 이렇게 침팬지 모습과 특징을 하나하나 구별하면서 이름을 붙였다. 그리고 어미가 낳은 새끼들에게 순서대로 이름을 붙였

---

* **주먹코** | 뭉뚝하고 크게 생긴 코.

다. 같은 어미에게서 태어난 새끼들은 같은 알파벳으로 시작하는 이름을 붙였다. 플로가 낳은 새끼들의 이름은 모두 알파벳 피로 시작했다. 플로의 아들로 청년이 다 된 수컷 침팬지 이름은 파벤, 어린 아들은 피건, 어린 딸은 피피로 지었다. 제인 구달은 이렇게 해서 암컷이 오 년이나 육 년 만에 새끼를 낳는다는 사실을 알게 되었다. 그리고 나이가 들면 독립을 하는데, 그 뒤에도 어미와는 많은 시간을 함께 보내며 가족끼리는 서로 돕고 산다는 걸 알 수 있었다.

 제인 구달은 플로 일가족을 관찰하면서 침팬지 세계에서 이루어지는 의사소통에 대하여 많은 걸 발견했다. 침팬지의 행동은 인간과 아주 비슷한 점이 많았다. 손을 잡고 서로 껴안으며 등을 가볍게 두드리고, 입을 맞추었다. 멀리 떨어져 있어도 서로 뜻을 주고받을 수 있는 다른 소리가 서른 가지는 되었다. 침팬지도 인간처럼 행복과 불안, 분노를 느꼈고, 가족끼리 애정이 강했다.

 또 침팬지들은 자기 영역을 정해 놓고 다른 무리들과 다투기도 했다. 수컷들의 싸움은 매우 공격적이라서 싸우다 죽는 일도 있었다.

이렇게 많은 것들을 알아 가다 보니 제인 구달에게 가장 어려운 문제는 기록을 남기는 일이었다. 침팬지를 관찰하면서 모든 것을 일일이 적는다는 것은 무척 힘든 일이었다. 그때그때 기록해 두지 않으면 꼭 적어야 할 사실을 빠뜨리기가 쉬웠다. 특히 잠시도 눈을 떼지 않고 관찰해야 하는데, 고개를 숙여 수첩에 적다 보면 중요한 행동을 놓치기 일쑤였다.

'더 좋은 방법이 없을까?'

고민하던 제인 구달에게 좋은 생각이 떠올랐다. 그것은 소형 녹음기를 이용하는 방법이었다. 눈을 떼지 않고 관찰하면서 보이는 대로 중얼중얼 녹음을 하면 되었다. 그리고 저녁에 돌아와 녹음된 내용을 기록하는 것이었다. 물론 이 일도 쉽지는 않았다. 기록해야 할 것이 너무 많기 때문이었다.

이렇게 눈코 뜰 새 없이 바쁜 제인 구달에게 새로운 일이 일어났다. 그날도 제인 구달은 캠프를 찾아온 데이비드와 장난을 치고 있었다. 그런데 바로 그때 찰칵 소리가 들렸다. 제인 구달이 고개를 들어보니 젊은 남자가 사진기로 자신과 데이비드를 찍고 있었다. 제인 구달이 놀라 물었다.

"누구시죠?"

남자는 미안한 표정을 지으며 대답했다.

"아, 실례했습니다. 직업을 속일 수 없어 허락도 안 받고, 사진을 찍고 말았네요. 침팬지와 사람이 이렇게 친할 수 있다는 게 믿어지지 않아서 나도 모르게 그만……."

남자의 대답을 듣고 경계를 푼 제인 구달은 호기심 어린 표정으로 물었다.

"어디서 오셨나요?"

"아직 제 소개도 못 했군요. 저는 내셔널 지오그래픽 협회에서 왔습니다. 이름은 휴고 반 라빅이고요."

내셔널 지오그래픽 협회라면 제인 구달도 많이 들어 본 이름이었다. 리키 박사에게 지원금을 보내는 곳으로 알고 있었다. 제인 구달이 침팬지 연구를 할 수 있게 된 것도 다 내셔널 지오그래픽 협회에서 지원해 준 덕분이었다.

"그렇군요. 그런데 왜 여기까지 오셨죠?"

"아직 소식을 못 들으셨군요. 자연을 주제로 한 다큐멘터리 영화를 만들기 위해 왔습니다."

라빅은 내셔널 지오그래픽 협회 전속 사진작가였다.

그날부터 라빅은 제인 구달이 연구한 것을 바탕으로 훌륭한 다큐멘터리를 만들었다. 이 다큐멘터리는 〈구달과 야생 침팬지들〉이라는 제목으로 완성되었다. 이 다큐멘터리를 통해서 제인 구달은 세상에 널리 알려졌고, 많은 학자들이 야생 동물에 대한 연구에 관심을 가지게 되었다.

그러던 어느 날, 리키 박사는 제인 구달에게 케임브리지 대학교에 가서 학위를 받을 것을 권유했다. 하지만 제인 구달은 그럴 마음이 없었다.

"박사님, 저는 이곳을 떠나고 싶지 않아요. 학위를 위해서 논문을 쓰는 것보다 이렇게 현장에서 직접 침팬지들과 지내며 연구를 하는 것이 더 중요하다고 생각하는걸요."

제인 구달이 한 연구는 그 시절에 누구도 하지 못한 훌륭한 것이었다. 하지만 그 연구 결과가 제대로 인정을 받으려면 반드시 학위를 받아야 했다. 그것을 잘 아는 리키 박사는 계속해서 제인 구달을 설득했다.

"자네 말도 맞지만, 박사 학위를 받아야만 논문을 쓸 수 있네. 케임브리지 대학교에서는 자네의 성과를 인정하니까 짧은 기간 안에 학위를 받을 수 있을 걸세."

라빅도 리키 박사를 도와 제인 구달을 설득했다. 제인 구달과 라빅은 함께 지내는 동안 사랑하는 사이가 되었다.

"제인, 당신은 이미 많은 것들을 알아냈어요. 그동안 정리한 것들을 가지고 금세 논문을 쓸 수 있잖아요. 그런데 왜 하지 않으려고 하죠? 내가 도와줄 테니 케임브리지 대학교로 갑시다."

제인 구달은 두 사람의 권유대로 곰비 국립공원을 떠나 케임브리지 대학교로 가서 공부를 했다. 그리고 1965년에 동물 행동학 박사 학위를 받았다.

영국에 머무르는 동안 제인 구달은 라빅과 결혼도 하였다. 그리고 두 사람은 함께 곰비 국립공원으로 돌아왔다.

시크릿 포인트 8
Secret Point

자신만의 방법으로 **창의력**을 키워라

요즘은 머리가 좋은 것도 중요하지만, 창의력이 뛰어난 사람이 성공한다는 말을 많이 해요. 정해진 규칙이나 틀에 맞춰서만 살아갈 수 없는 세상이기 때문이지요.

제인 구달은 침팬지 연구를 하면서 자신만의 창의력을 발휘했어요. 보통 과학자들은 실험할 때 실험 대상에 일련번호를 붙여 놓아요. 그런데 제인 구달은 침팬지 한 마리 한 마리마다 이름을 지어 주었어요. 이름 짓는 방법도 혼자 고안해 냈어요. 같은 어미에게서 태어난 새끼는 모두 어미 이름 첫 글자에 해당하는 알파벳으로 시작하는 이름이었어요. 그렇게 지어 놓으니 침팬지 가계도가 완성되어 알아낸 사실들을 정리하는 데 무척 편리했어요. 그리고 자기만의 이름을 붙이니 무엇보다 침팬지와 친해질 수 있었지요. 대충 보아서는 사람 눈에 침팬지는 모두 비슷해 보이지만, 제인 구달은 분명하게 구별을 한 거예요.

자신만의 창의력을 발휘하는 것도 좋은 습관으로 기를 수 있어요. 항상 있는 그대로만 따라 하는 것보다 새로운 생각을 해 보는 거예요. 비슷하게, 또는 반대로 생각해 보아요. 그리고 책을 많이 읽어 지식을 넓히고, 생각하는 힘을 기른다면 창의력도 저절로 높아질 거예요. 자기 물건에 예쁘고 독창적인 이름을 지어 주는 것도 창의력을 기르는 방법 가운데 하나예요. 그러면 사물도 마치 살아 있는 것처럼 느껴지고 더욱 아끼는 마음이 생길 테니까요.

9 계속되는 연구와 새로운 도전

제인 구달은 침팬지를 관찰할수록 침팬지가 사람과 닮았다는 사실을 깨달았다. 침팬지도 사람처럼 좋으면 서로 껴안고 입을 맞추며 등을 두드리고 주먹이나 몸을 흔들었다.

제인 구달이 케임브리지 대학교에서 공부를 마치고 곰비 국립공원으로 돌아와 보니 플로가 몇 개월 전에 낳은 새끼를 기르고 있었다. 야생 새끼 침팬지를 처음으로 가까이에서 볼 수 있는 기회였으므로 제인 구달은 몹시 반가웠다. 제인 구달은 야생 새끼 침팬지에게 플린트라는 이름을 붙여 주고 관찰을 시작했다.

플로와 다른 새끼들은 가장 나이가 어린 플린트를 잘 보살폈다. 그러자 플린트는 곧 자기보다 나이 많고, 힘이 센 다른 침팬지에게 덤벼들었다. 만약 자신이 위험에 처해도 엄마나 누나, 형 침팬지가 곧 달려와 준다는 걸 믿기 때문이었다.

'꼭 인간 아기를 보는 것 같아!'

제인 구달은 따뜻한 눈빛으로 플린트를 바라보았다. 자신이 처음으로 관찰하게 된 어린 침팬지가 어떻게 커 갈지 계속 지켜보고 싶었다.

플로는 플린트를 자상하게 가르치며 보살폈다. 플린트는 점점 버릇없는 침팬지가 되어 갔다. 플린트가 네 살이 되자, 플로는 다른 새끼들 때처럼 젖을 떼려고 했다. 플린트가 젖을 빨려고 하면 밀쳐 내고 등에 오르면 흔들어 떨어뜨렸다. 그럴 때마다 플린트는 신경질을 부렸다.

플로는 얼마 뒤 플린트의 동생인 암컷 침팬지를 낳았다. 제인 구달은 새로 태어난 새끼에게 플레임이라는 이름을 지어 주었다. 다른 새끼 침팬지들은 동생이 태어날 때쯤이면 젖을 떼고 자기 잠자리를 스스로 만들었다. 그런데 플린트는 플레임을 밀어내고 자기가 젖을 빨려고 했다. 하지만 플로는 너무 늙고 병들어 플레임

을 먹이기에도 젖이 부족했다. 플린트는 플레임 털을 골라 주고 있는 플로 손을 끌어다 자기 털에 갖다 대며 칭얼거렸다.

'꼭 동생이 태어나면 시샘하고 보채는 어린아이와 같구나!'

투정 부리는 플린트를 보자, 제인 구달은 웃음이 나왔다.

하지만 플린트가 늘 동생 플레임을 못살게 구는 것은 아니었다. 오빠답게 데리고 다니며 놀아 주기도 했다.

플레임이 태어난 지 여섯 달이 된 어느 날이었다. 플레임이 갑자기 보이지 않았다. 하지만 플로는 늙고 병이 들어 어린 플레임을 찾아다니지도 못했다. 플레임이 어디로 갔는지 알 수 없게 된 제인 구달은 다만 짐작만 할 뿐이었다.

'어미에게 병이 옮은 플레임이 어딘가로 가서 죽은 모양이구나.'

그 뒤로 플레임은 영영 나타나지 않았다.

다행히 플로는 차차 병이 나았다. 그러자 플린트는 또다시 어미에게 매달려 지냈다. 플로는 나무라는 대신 부드럽게 타일렀다. 플린트가 위험한 장난을 치면 말리는 게 아니라 다른 데로 정신을 돌리게 하기도 했다. 제인 구달은 플로와 플린트를 관찰하며 동물에게도 모성애가 있다는 사실을 알게 되었다.

이 무렵 제인 구달에게도 뜻 깊은 일이 생겼다. 건강한 아들을 낳은 것이었다. 제인 구달과 식구들은 아기를 그럽이라고 불렀다. 제인 구달은 그럽의 안전을 위해 늘 마음을 썼고, 많은 정성을 쏟았다. 곰비 국립공원에 사는 원주민들도 그럽을 귀여워했다. 하지만 원주민들은 그럽을 심바라고 불렀다. 심바란 그들 말로 사자라는 뜻이었다.

제인 구달과 라빅이 은고롱고로 *분화구에서 야영을 하던 중 사자의 침입을 받은 일이 있었는데, 그 뒤에 그럽이 태어났기 때문에 사자라고 이름을 붙인 것이었다.

"심바, 이거 가지고 놀아!"

원주민들은 은고롱고로 분화구에서 찾아온 특이한 돌멩이를 가져다주기도 했다.

그럽이 태어나자 제인 구달은 마음 쓸 일이 많아졌다. 지금까지는 위험한 곳에서도 텐트를 치고 잠을 잤지만, 그럽을 위해서는 그럴 수가 없었다. 결국 침팬지들이 나타나지 않는 호숫가에 새로 집을 지었다. 그럽을 돌보다 보니 자연히 침팬지 연구에만 힘을 쏟을 수가 없었다. 제인 구달은 숲에 나가 침팬지를 관찰하는 대신에 사무실에서 보고서나 과학 잡지에 보낼 원고를 쓰는 데 집중했다.

---

* **분화구** | 화산 분출구 주변에 분출물이 모여서 된 언덕.

1971년에 제인 구달은 그동안 연구한 내용을 정리해 『인간의 그늘에서』라는 책을 냈다. 이 책으로 제인 구달은 세계적으로 유명한 동물학자가 되었다. 그러자 연구비도 더 받을 수 있게 되었다. 뿐만 아니라 연구 조사를 원하는 대학생들이 찾아오기 시작했다. 제인 구달은 시간을 내어 학생들과 연구하고, 토론하는 일도 게을리 하지 않았다.

시간은 빠르게 흘러 플린트는 어느새 여덟 살이 되었다.

'여덟 살이면, 어미를 떠나 다른 수컷들과 어울려 다니면서 어른 침팬지가 해야 하는 일을 배워야 하는데…….'

제인 구달은 플린트가 걱정되고 안타까웠다. 플로는 너무 늙고 힘이 없어서 플린트가 등에 매달리면 픽 쓰러지곤 했다. 그렇지만 플린트는 여전히 어미 그늘에서만 맴돌았다. 이제 플로는 그런 플린트를 더 이상 밀어내지 않았다. 어찌 보면 플린트 때문에 조금은 덜 쓸쓸하게 노년을 보내는 것 같기도 했다.

그러던 어느 날 제인 구달은 플로가 죽어 있는 것을 보았다. 플로는 개울가에 쓰러져 있었는데, 매우 평화로운 표정을 짓고 있었다.

'오랫동안 알고 지냈고, 참으로 많은 것을 가르쳐 주었던 내 친구 플로!'

플로의 죽음은 제인 구달에게 가족을 잃은 것과도 같은 슬픔을 안겨 주었다.

하지만 플로의 죽음은 그 누구보다 플린트에게 큰 충격이었다. 플린트는 어미의 죽음을 믿으려 하지 않았다. 플로 주위를 떠나지 않고 계속 맴돌았다. 플로의 팔을 잡아당겨 자신의 머리를 어루만지는 시늉을 했다. 곧 플린트는 먹지도 않고 시름시름 앓게 되었다. 그러자 보다 못한 누나 침팬지 피피가 플린트를 보살펴 주려고 했다. 하지만 플린트는 죽은 플로 곁을 떠나려 하지 않았다. 그러자 피피도 하는 수 없다는 표정을 짓고 떠나갔다.

제인 구달도 플린트를 도우려고 노력했다. 먹이도 주고 같이 있어 주었다. 그러나 아무 효과가 없었다. 결국 플로가 죽은 지 삼 주 뒤에 플린트도 죽고 말았다. 플린트는 혼자 살아갈 만큼 어른으로 성장하지 못했던 것이었다. 플로가 너무 늙고 힘이 없어 플린트에게 독립심을 길러 줄 수 없었던 게 가장 큰 원인이었다.

'침팬지 역시 인간처럼 사랑하는 가족을 잃으면 슬픔에 겨워 죽을 수도 있구나!'

침팬지에 대하여 알면 알수록 제인 구달은 가슴이 뭉클해졌다.

제인 구달은 이제 피피가 이룬 가족을 관찰했다. 피피는 정이 많고 자상한 어미 플로의 피를 이어받았다. 피피가 새끼를 키우는 방식은

플로가 새끼를 키우던 방식과 같았다. 어떤 것은 타고난 것이겠지만, 플린트나 플레임을 키울 때 동생들을 돌보면서 배운 것이기도 했다.

피피는 프로이드가 다섯 살 때 수컷 침팬지 프로도를 낳았다. 그리고 몇 년 뒤에는 암컷 침팬지 페니와 플로시를 낳았다. 제인 구달은 플로의 후손들을 관찰하는 데 푹 빠졌다. 할머니가 손자 손녀를 보는 재미와 비슷했다.

그날도 제인 구달은 피피 가족과 함께 있었다.

"우우, 우우."

조금 떨어진 곳에서 한 무리의 수컷 침팬지들이 부르짖는 소리가 들렸다. 프로이드는 그곳으로 가고 싶다는 뜻으로 피피를 끌어당겼다. 그렇지만 피피는 가고 싶지 않은지 팔을 빼냈다. 프로이드는 그래도 꼭 가고 싶은 모양이었다. 그런데 혼자 가는 것은 꺼려했다. 한참 생각에 잠겨 있던 프로이드가 엉뚱한 행동을 했다. 혼자서 잘 놀고 있는 어린 동생 침팬지 플로시에게 가더니 자기 배에 매달리게 했다. 그러고서는 기다리고 있는 수컷들 무리 속으로 걸어갔다. 그러자 걱정이 된 피피도 따라나섰다.

그 모습을 지켜보며 제인 구달은 플로의 아들 침팬지 파벤이 똑같은 방법을 썼던 일이 떠올랐다.

'침팬지도 사람과 똑같아. 생각을 하고, 궁리하여 더 좋은 방법을 찾는구나.'

플로의 후손은 계속 이어졌다. 제인 구달은 플로의 후손들을 지켜보는 일을 쉬지 않았다. 다 자란 플로의 손자 프로이드는 침팬지 무리에서 우두머리 수컷이 되었다. 우두머리가 되는 것은 힘도 세야 하지만 꾀도 많아야 했다. 제인 구달은 영리한 프로이드라면 잘 해낼 수 있을 것이라고 생각했다.

제인 구달은 침팬지를 관찰할수록 침팬지가 사람과 닮았다는 사실을 깨달았다. 침팬지도 사람처럼 좋으면 서로 껴안고 입을 맞추며 등을 두드리고 주먹이나 몸을 흔들었다. 몸이 아프면 편한 잠자리를 만들어 일찍 자고 늦게 일어나고, 가족끼리 서로 보살피는 것도 같았다. 또 침팬지에게도 사람과 마찬가지로 잔인한 면이 있었다.

어느 날 한 무리의 침팬지가 다른 무리와 싸움이 붙었다. 침팬지들은 무서울 만큼 잔인하게 폭력을 휘둘렀다. 힘이 약한 무리가 지고 나면 이긴 무리의 밑으로 들어가는 것이었다. 싸움은 너무나 끔찍했다. 침팬지 몇 마리는 그 자리에서 죽고 말았다. 그리고 싸움이 끝나면 어미를 잃은 어린 침팬지를 다른 어른 침팬지가 *입양하기도 했다.

침팬지들이 싸우는 것은 인간의 전쟁과 같았다. 이기기 위해서 미리 다른 무리를 엿보기도 하고, 갑자기 공격을 하기도 했다.

'오래전 인간도 이렇게 폭력으로 다른 종족을 지배하면서 강한 쪽이 살아남는 과정을 반복해 왔겠지.'

제인 구달은 인간만이 지능과 개성이 있고, 감정을 가진 유일한 동

---

* **입양** | 자기가 낳은 자식이 아닌데 데려다 키우는 것.

물이라는 생각이 잘못되었음을 깨달았다. 제인 구달이 한 침팬지 연구는 인류학 연구에 많은 영향을 끼쳤다. 그동안 모르고 있던 사실들이 잇달아 드러났기 때문이었다.

'침팬지는 인간과 동물의 경계를 허물기 위해 자연이 인간에게 보낸 동물이야.'

제인 구달은 쉬지 않고 연구에 몰두했다. 그러던 어느 날, 밤 남편 라빅이 조심스럽게 말을 꺼냈다.

"제인, 우리 좀 떨어져 지내는 게 어떻겠소?"

생각지도 못했던 말을 들은 제인 구달은 놀라서 물었다.

"떨어져 지내다니요? 그게 무슨 말이에요?"

"당신은 침팬지와 지내는 게 언제나 좋을지 모르지만, 나는 이 생활에 이제 지쳤소."

라빅은 어두운 표정으로 제인 구달을 바라보았다.

"그 말을 왜 이제야 하는 거죠?"

"먼저 알아주길 바라고 있었소. 그리고 내게도 직업이 있잖소. 사진 촬영이나 다큐멘터리를 만들려면 이렇게 한 곳에만 머물러서는 할 수 없어요. 나는 좀더 자유롭게 내 일을 하고 싶소."

제인 구달은 당황스러웠다. 하지만 라빅은 이미 마음을 굳혔다. 결국 제인 구달과 라빅은 이혼을 하기로 했다.

겨우 일곱 살인 아들 그럽에게는 미안한 일이었지만, 두 사람을 위해서는 더 나은 일이었다. 제인 구달과 라빅은 이혼을 한 뒤에는 친구처럼 지내는 사이가 되었다.

라빅과 헤어진 뒤에도 제인 구달은 여전히 침팬지 연구에 몰두했다. 곰비 국립공원뿐만 아니라 연구에 필요한 곳이라면 어떤 *오지라도 가리지 않고 찾아갔다.

제인 구달이 작은 비행기를 타고 다른 지역에 있는 야생 공원에 가던 길이었다. 비행기가 고장이 나, 눈 깜짝할 사이에 불이 나고 말았다. 다행히 제인 구달은 목숨을 건졌지만, 하마터면 큰일이 날 뻔했다. 그 뒤로 제인 구달은 이때 비행기를 조종했던 조종사 데릭 브라이슨과 인연이 닿아 재혼을 하게 되었다. 브라이슨은 언제나 제인 구달 곁을 지키며 연구를 도와주었다.

곰비 국립공원으로 돌아온 제인 구달은 안타까운 현실에 부딪혔다. 세계의 경제와 문화가 발달할수록 침팬지들은 삶의 터전을 잃어 갔기 때문이었다.

---

* **오지** | 해안이나 도시에서 멀리 떨어진 안쪽 땅.

제인 구달이 연구를 시작할 때만 해도 침팬지는 아프리카 스물다섯 나라에 퍼져 살고 있었다. 그런데 몇 년 사이에 침팬지가 모두 사라진 나라가 있고, *멸종 위기에 부닥친 나라들이 늘었다.

침팬지가 사라지는 데는 나무를 베어 내는 것 말고도 또 다른 이유가 있었다. 침팬지를 애완용으로 기르려는 사람이 생기는가 하면 심지어는 식용으로 사려는 사람까지 생겨, 아프리카 원주민들은 돈을 벌기 위해 침팬지를 마구 잡아들였다.

'어떻게 하면 침팬지를 보호할 수 있을까?'

제인 구달은 고민했다.

'우리는 동물들이 자유롭게 살 수 있도록 해 줘야 해. 인간이 그렇듯 동물도 자신들만의 방식으로 삶을 자유롭게 살아갈 권리가 있어. 우리가 자연을 파괴하고 빼앗는 것은 이들에게서 권리를 빼앗는 것이야.'

하지만 많은 사람들은 제인 구달이 하는 고민을 이해하지 못했다. 제인 구달은 무척 답답했다.

'사람들은 가장 중요한 것을 깨닫지 못하고 있어. 자연을 파괴하는

---

* **멸종** | 어떤 생물이 아주 없어지는 것.

것은 우리 인간에게도 해로운 일이란 걸 왜 알지 못할까? 모든 식물과 동물이 자연 상태에서 어우러져 살아갈 수 있을 때만 인간도 살아남을 수 있어.'

인간이 가장 영리한 동물이라 생각하고, 자연을 지배해서는 안 된다고 제인 구달은 생각했다.

'인간이 자연의 일부라는 걸 인정해야 해. 우리가 오히려 자연에게 배워야 하는 존재인걸. 어떻게 하면 사람들에게 이런 것들을 알릴 수 있을까?'

하지만 아무리 생각해도 방법이 떠오르지 않았다.

그런 제인 구달을 본 브라이슨은 따뜻하게 위로해 주었다. 그리고 제인 구달에게 물었다.

"제인, 당신이 침팬지와 야생 동물을 보호하는 일에 앞장서는 것은 어떻소?"

"그러고 싶지만 그럴 만한 힘이 내게 없으니 이렇게 안타까워만 하잖아요."

제인 구달은 한숨을 쉬며 대답했다.

"당신에게 왜 힘이 없다고 생각해요? 당신은 그동안 자연과 함께 보낸 소중한 경험을 가지고 있잖아요. 당신이 한 연구 결과를 세상

에 알리는 것부터 시작해 봐요. 물론 처음에는 쉽지 않겠지만, 나는 분명히 당신을 이해하고, 힘이 되어 줄 사람들이 나타날 거라고 믿어요."

브라이슨의 격려에 힘을 얻은 제인 구달은 1977년에 자신의 이름을 건 '제인 구달 연구소'를 세웠다. 곰비 국립공원에 있는 야생 동물을 연구하고 보호하기 위한 목적이었다.

제인 구달은 연구소에서 벌이는 활동으로 가장 먼저 침팬지 사냥부터 금지했다. 그러자 원주민들이 반발하고 나섰다.

"나무를 못 베게 하고, 침팬지도 잡지 못하게 하면 우린 무얼 먹고 살란 말이오?"

예상은 했지만 원주민들의 반발은 생각보다 컸다. 그렇다고 한번 시작한 일을 포기할 제인 구달이 아니었다. 제인 구달은 마음을 담아 원주민들을 설득하기 시작했다.

"방법을 바꿔야 해요. 지금까지처럼 침팬지를 잡는 것이 아니라 침팬지를 보호해서 먹고사는 방법을 찾아야지요."

"침팬지를 잡아야 돈을 받는데 침팬지를 보호하면 누가 돈을 준단 말이오? 당신이 줄 거요?"

원주민들은 큰 소리로 따졌다.

"일자리를 만들어 드릴게요. 여러분이 감시자가 되어 몰래 침팬지를 사냥하는 사람들을 잡아 내는 겁니다. 그러면 침팬지도 보호하고, 곰비 국립공원의 아름다운 모습을 지킬 수 있을 거예요."

원주민들은 미심쩍은 눈초리로 제인 구달을 쳐다보았다. 하지만 제인 구달은 진심을 담아 호소했다.

"믿어 주세요. 정부에서는 곰비 국립공원으로 관광객이 찾아오도록 힘쓰게 만들도록 하겠습니다. 관광객이 모이면 열대 과일을 팔 수도 있어요. 분명히 살아갈 길이 열릴 거예요."

결국 제인 구달은 원주민을 설득하는 데 성공했다. 하지만 약속을 지키려면 무엇보다 돈이 필요했다. 제인 구달은 곰비 국립공원을 위한 기금을 마련하기 위해 세계 여러 곳으로 강연을 다니기 시작했다. 밀림을 떠나 세계를 돌며 강연을 하는 것은 제인 구달에게 새로운 도전이었다.

'더 잘살기 위한 인간의 끊임없는 연구와 노력은 그만큼 자연을 파괴하고 있어. 자연을 파괴하는 짓은 인간을 죽음으로 몰아넣는 행동과 마찬가지야. 눈에 보이는 발전만 생각해서는 안 돼. 아프리카 밀림이 파괴되는 것만 보더라도 침팬지 멸종으로 이어지고 있잖아. 어느 한 종류의 멸종은 나른 모든 생물의 멸종으로 이어져. 결국 언

젠가는 사람도 살 수 없게 될 거야.'

제인 구달은 강연을 통해 자신이 생각한 것을 사람들에게 널리 알렸다. 그동안 환경 파괴를 남 일로만 여기던 많은 사람들이 침팬지와 아프리카 밀림 지키기에 뜻을 보탰다.

'제인 구달 연구소'는 점점 자리를 잡아갔다. 세계의 많은 학자들이 관심을 갖게 되었고, 학생들도 많이 찾아왔다.

제인 구달은 계속해서 침팬지 보존을 위해 힘썼다. 그리고 세계를 돌며 다른 야생 동물에게 닥친 위험을 널리 알려 환경을 보호할 것을 호소했다.

시크릿
포인트
9
Secret Point

행동으로 옮기는
습관을 들여라

사람이 좋은 생각을 하기란 그다지 어려운 일이 아니지요. 가만히 앉아 머릿속으로만 하면 되니까요. 그런데 그걸 실천으로 옮기는 것은 쉬운 일이 아니에요. 실천을 하려면 노력해야 하고 귀찮은 일이 생겨도 참아야 하니까요. 그래서 우리 둘레에는 생각만 하고 입으로 말한 뒤, 몸은 움직이지 않는 사람이 많아요. '구슬이 서 말이라도 꿰어야 보배다.' 라는 속담처럼 실천하지 않으면 소용없는 일이지요.

제인 구달은 침팬지 연구를 하다가 자연을 보호해야 한다는 걸 절실하게 깨달았어요. 그것을 혼자만 알고 있어서는 소용없다는 것도 알았지요. 그래서 자신의 이름을 건 연구소를 만들고, 직접 환경 보호 운동에 나섰어요. 침팬지를 잡는 아프리카 원주민들을 설득하기도 했지요. 또 세계를 돌며 강연을 하고 자신이 느낀 것을 책으로 써냈어요.

세상은 좋은 생각을 하고, 그 생각을 실천하는 사람이 많을수록 살기 좋은 곳이 되요. 여러분도 이제부터 옳다고 여긴 것이 있으면 반드시 실천하는 습관을 들이도록 노력해 보아요. 작은 일부터 한번 마음먹은 일은 꼭 해내다 보면 여러분은 실천하는 사람으로 자라 있을 거예요.

하루하루 작은 실천이 엄청난 결과를 가져와 결국 세상을 바꾼다는 것을 잊지 마요.

10 뿌리와 새싹 운동

제인 구달은 강연을 하는 틈틈이 자신이 겪은 일들과 세상 사람들에게 알리고 싶은 것들에 대해 글을 썼다. 제인 구달은 책을 통해서 더 많은 사람들과 생각을 나누었다. 또 책을 팔아서 번 돈으로 야생 동물 보호에 쓸 기금도 마련할 수 있었다.

1984년에 제인 구달과 침팬지에 관한 두 번째 다큐멘터리 〈야생의 침팬지〉가 나왔다. 제인 구달이 그동안 침팬지를 연구하며 보낸 시간들을 담담하게 담은 기록이었다.

〈야생의 침팬지〉를 본 많은 사람들은 큰 감동을 받았다. 마지막 장면에서 제인 구달이 '아직도 연구는 끝나지 않았으며, 나는 지금도 곰비 국립공원을 떠날 생각이 없다.'고 말했기 때문이었다.

제인 구달이 한 연구는 더 많은 관심을 받으며 세계에 널리 알려졌다. 1986년에는 미국 시카고에서 '침팬지의 이해'라는 주제로 토론회가 열렸다. 제인 구달은 토론회에 참석하여 자신이 그동안 연구한 것을 발표했다. 뿐만 아니라 침팬지를 잡아 애완용으로 키워서는 안 되는 이유에 대해서도 말했다.

"침팬지는 새끼일 때는 귀엽고 말도 잘 듣지만 점점 자랄수록 힘이 세집니다. 주인이 다루기 힘들어지는 것입니다. 그렇게 되면 주인은 침팬지를 버리고 맙니다. 버림받은 침팬지는 어떻게 될까요? 오래도록 야생의 생활 방식을 잊고 지내던 침팬지는 결국 죽고 맙니다. 스스로 먹이를 잡아먹지도 못하고, 다른 동물들에게 공격을 당해도 대처하지 못하니까요. 침팬지가 멸종되는 것을 막으려면 가장 먼저 침팬지 밀렵부터 금지해야 합니다. 침팬지가 애완용으로도, 식용으로도 거래되지 않도록 정부가 막아야 합니다."

또 제인 구달은 동물 실험을 중지해야 한다고도 주장했다. 하지만 사람들은 그 말을 귀담아듣지 않았다.

제인 구달은 침팬지에게도 사람처럼 감정이 있다는 걸 알리기로 했다. 그래서 새끼에게 젖을 먹이며 행복해하는 어미 침팬지의 영상을 보여 주었다. 서로 털 고르기를 해 주며 안아 주고 입을 맞추는 모습, 어미가 죽자, 살아갈 힘을 잃고 죽어 가는 새끼의 모습이 담겨 있었다. 처음에는 침팬지에게 감정이 있다는 말을 비웃던 참석자들도 영상을 보고 나서는 그 말을 인정할 수밖에 없었다.

그러나 많은 과학자들은 고칠 수 없는 심각한 병을 앓고 있는 인간을 살리기 위한 약을 만드는 데 동물 실험이 꼭 필요하다고 주장했다. 침팬지나 다른 동물 때문에 인간을 위한 약을 만드는 걸 중단하는 것은 말도 안 된다고 했다.

그러자 제인 구달은 움직일 수 없을 만큼 좁은 우리에 갇혀 있는 침팬지 사진을 더 보여 주고 말했다.

"실험을 중지할 수 없다는 것은 저도 압니다. 그렇지만 인간을 위해 희생하는 동물들에게 살아 있는 동안만이라도 좋은 환경에서 지낼 수 있도록 배려해 주어야 하지 않을까요?"

그 말을 들은 과학자들은 고개를 끄덕였다. 그리고 조금이나마 실험에 쓰는 동물들이 편하게 지낼 수 있도록 마음을 쓰기로 했다.

그리고 1991년, 제인 구달은 자연을 지키고자 하는 자신의 뜻을 담아 '뿌리와 새싹 운동'을 시작했다.

　'새싹은 비록 연약하지만 생명의 시작이며 벽돌도 뚫을 수 있는 힘을 가졌어. 또 뿌리는 그 새싹이 자랄 수 있도록 튼튼하게 받쳐 주고. 이 지구 위에서 벌어지고 있는 여러 문제들을 해결할 수 있는 건 우리들의 새싹인 청소년들이야. 청소년들과 함께 자기가 살고 있는 지역을 사랑하고 지키는 운동을 벌이자!'

제인 구달은 한 강연에서 자신이 뿌리와 새싹 운동을 시작하게 된 까닭은 두려움 때문이었다고 말했다.

"두려움 때문이라니 이해되지 않는데요?"

참석자가 질문을 하자 제인 구달은 솔직하게 대답했다.

"세계 여러 나라로 강연을 하러 길을 떠나는 게 두려웠습니다. 제가 해내야만 한다는 것을 분명히 알고 있었지만, 무엇부터 해야 할지 몰라 두려웠습니다. 그래서 스스로 찾은 해결책이 고등학교 학생들과 희망을 가지는 이유에 대해 대화하는 것이었습니다. 학생들에게 '세상은 네가 하고자 하는 대로 변한다.'는 말을 꺼내며 이야기를 시작하니 두려움이 사라졌습니다. 그래서 차분히 이야기를 나눌 수 있었고, 그게 점점 커져 세계적인 운동이 된 것입니다."

처음에 고등학생 열여섯 명과 함께 시작한 뿌리와 새싹 운동은 점

점 더 많은 사람들이 함께하게 되었다. 그리고 얼마 지나지 않아 뿌리와 새싹 운동은 백여 개 나라에서 구천여 개 단체가 참여하는 거대한 운동이 되었다. 유치원생부터 대학생까지 전 세계 수많은 청소년들이 회원으로 가입한 것이었다.

제인 구달은 야생 동물 사랑과 지구를 지키고자 하는 노력을 계속하였다.

제인 구달은 다른 무엇보다 침팬지가 지구에서 사라질 위기에 놓인 것을 두고 볼 수 없었다.

'연구 대상이 없어지면 연구는 아무런 의미가 없어. 하지만 내가 침팬지를 지켜야 하는 이유는 이것뿐만이 아니야. 만약 지구에서 침팬지가 사라진다면 다른 모든 생물도 살아남지 못해. 그렇게 되면 지구는 인간이 살 수 없는 곳이 될 거야. 반드시 막아야 해.'

제인 구달은 이제 직접 행동에 나서야 할 때라고 생각했다. 자신이 고민하고 있는 이 순간에도 침팬지들이 죽어 갈 것을 생각하면 마음이 급해졌다.

제인 구달이 걱정한 대로 아프리카 자연 환경은 날마다 심각하게 나빠지고 있었다. *목재 회사들이 나무를 베어 내자, 길이 생기고 밀렵꾼들이 몰려들었다. 밀렵꾼들은 어미 침팬지는 식용으로, 새끼 침팬지는 애완용으로 팔기 위해 마구 잡아들였다.

제인 구달은 더 많은 곳에서, 더 열정적으로 강연을 하기 시작했다. 일 년에 삼백 일이 넘는 날들을 집이 아닌 외국에서 지내며 사람들에게 자신의 뜻을 알렸다.

어느 강연에서 질문자가 제인 구달에게 집이 어디냐고 물었다. 그러자 제인 구달은 웃으며 대답했다.

"제 집은 비행기입니다. 비행기에서 내려 강연을 하고, 다시 비행기를 타고 다음 강연할 곳으로 떠나니까요. 그러니 왕복으로 비행기 표를 사 본 적이 없습니다. 한 나라에서 다시 다른 나라로 가기 때문이지요."

어느덧 제인 구달은 여든 살을 앞둔 할머니가 되었다. 얼굴에 주름살이 생기고 머리카락도 하얗게 세었지만, 활동을 멈추지 않았다. 오히려 그동안 쌓은 경험으로 더욱 폭넓은 활동을 벌일 수 있었다.

---

* **목재** | 건축이나 가구 따위에 쓰는 나무로 된 재료.

제인 구달은 지구를 지키기 위해 사람과 동물 사이에 지켜야 할 생명 사랑 십계명을 발표했다.

제1계명 우리가 동물 사회의 일원이라는 것을 기뻐하자.
제2계명 모든 생명을 존중하자.
제3계명 마음을 열고 겸손히 동물들에게 배우자.
제4계명 아이들이 자연을 사랑하게 하자.
제5계명 현명한 생명 지킴이가 되자.
제6계명 자연의 소리를 소중히 여기고 보존하자.
제7계명 자연을 해치지 말고 자연으로부터 배우자.
제8계명 우리 믿음에 자신을 갖자.
제9계명 동물과 자연을 위해 일하는 사람들을 돕자.
제10계명 우리는 혼자가 아니다. 희망을 갖고 살자.

이 십계명은 인간이 동물을 돌볼 권리는 있지만, 다스리고 학대할 수는 없으며, 결코 인간이 동물의 주인이 아니라 보호하며 함께 살아가야 할 사이라는 생각을 바탕으로 했다.

제인 구달은 뿌리와 새싹 운동도 계속 해 나갔다. 제인 구달은 더 많은 나라에 뿌리와 새싹 운동을 알리려고 노력했다. 그리고 2007년에는 대한민국을 방문했다. 1996년에 처음 다녀간 뒤로 네 번째 방문이었다.

제인 구달은 여러 고등학교와 대학교를 돌며 지구를 지키는 일이 얼마나 중요한 일인지 강연했다.

강연이 끝나고 질문하는 시간이 되었다. 한 기자가 손을 들고 질문을 했다.

"이렇게 세계를 다니는 것은 힘든 일입니다. 그런데 왜 쉬지 않고 강연을 다니시는지요?"

그러자 제인 구달은 망설임 없이 대답했다.

"이 세계에 꼭 필요한 행동은 나눔입니다. 자신이 알고 있거나 또 남에게서 배운 것을 더 많은 사람들과 나눠야 합니다. 저는 그런 나누는 삶을 살려고 합니다. 그래서 제가 겪어 아는 걸 나누기 위해 힘들지만 쉬지 않고 다니는 것이지요."

제인 구달은 천천히 말을 이었다.

"지금 우주에서 인간이 살 수 있는 유일한 별인 지구가 인간의 이기심 때문에 위기에 빠졌습니다. 우리는 '내가 하는 선택이 다음 세대에게 어떤 영향을 미칠 것인가.'에 대해 고민해야 합니다. 이대로라면 우리 후손들은 더 이상 이 지구에서 살 수 없을 것입니다. 전 세계인이 하나 되어 고민하고 생각을 나누어야만 문제는 해결될 것입니다."

제인 구달이 말을 마치자 한 여학생이 질문을 던졌다.

"혹시 아프리카에서 여성이기 때문에 겪은 어려움이 있었다면 들려주세요."

그러자 제인 구달은 다정하게 웃음 지으며 대답했다.

"아프리카 사람들에게 백인은 두려운 존재였어요. 오래전에 식민지 시절을 겪었기 때문이지요. 그러니 이제는 백인인 나를 앙갚음 대상으로 받아들일 수도 있었어요. 그랬다면 나는 정말 위험했겠지요. 그렇지만 아프리카 사람들은 내가 여성이었기에 별로 반감을 갖지 않았어요. 내가 자신들보다 약하다는 걸 알고 있었으니까요. 모든 동물은 두려우면 공격합니다. 야생 침팬지도 같은 태도를 보였어요. 내가 암컷 인간이라서 덜 위협적으로 받아들였지요. 저는 오히려 여성이었기에 더 유리했습니다. 그리고 그만큼 열정을 가지면 세상에 못할 일이 없다고 생각합니다."

대답이 끝나자 큰 박수가 쏟아졌다. 제인 구달이 직접 겪은 것을 바탕으로 한 이야기는 그 어떤 책이나 영화보다도 큰 설득력을 가지고 있었다.

제인 구달은 채식을 하며 이를 권장하는 일도 했다.

"기계화된 *사육장에서 기른 짐승을 먹는 것은 위험합니다. 병에 걸리지 않게 하려고 약도 많이 먹이고, 더 많은 고기를 얻기 위해서 유전자 조작을 하기도 하니까요. 자연에서 온전하게 자란 짐승의 고기가 아니라면 인간에게 해만 될 뿐입니다."

제인 구달은 고기를 먹지 않는 것뿐 아니라, 약을 뿌리지 않은 유기농 농산물을 사 먹을 것을 권했다. 그것이 바로 지구 환경과 우리 자신의 건강까지 돕는 길이라고 생각하기 때문이었다.

"인간은 더 많은 고기를 얻기 위해 돼지를 움직이지 못하도록 우리를 좁게 만들어 키웁니다. 그것은 돼지에게도, 그 돼지고기를 먹는 인간에게도 나쁜 일입니다. 인간이 조금만 너그러워져 이기심에서 벗어난다면 환경 오염은 줄어들 것입니다."

제인 구달은 누구든지 마음만 먹으면 바로 시작할 수 있는 환경 보호 운동으로, 먹을거리가 중요하다는 것을 늘 강조했다.

"지구 온난화, 곡물을 더 많이 심어 기르려고 숲에 있는 나무들을

---

* **사육장** | 가축이나 짐승을 먹여 기르는 곳.

함부로 베는 일, 물 부족 현상들이 점점 심해지고 있습니다. 끔찍한 화학 약품이 흙에 뿌려지고, 그 흙에서 자란 식물을 인간과 동물들이 먹습니다. 또한 심한 경우에는 동물들을 더 오래 살게 하려고 약을 먹이기도 합니다. 누구를 위한 행동인가요? 지금 우리가 하는 이런 행동들은 반드시 우리 아이들에게 피해를 줄 것입니다. 그것을 잊어서는 안 돼요."

제인 구달은 쉬지 않고 세계 여러 나라를 돌며 지구 환경 보호에 앞장섰다. 그 공로를 인정받아 내셔널 지오그래픽 소사이어티에서 '허바드 상'을 받기도 했다. '허바드 상'은 뛰어난 연구나 탐험, 발견을 한 사람에게 주는 것이었다.

또 제인 구달은 탄자니아 정부로부터 '킬리만자로 상'도 받았다. 이 상을 받은 외국인은 제인 구달이 처음이었다. 2002년에는 국제 연합의 '평화의 메신저'로 임명되어 지구에 사는 모든 생명들에 평화가 깃들기를 바라며 활발한 활동을 펼쳤다.

그러나 그 어떤 상보다 제인 구달이 가장 자랑스러워하고 힘을 얻는 것은, 지구를 지키는 일에 많은 사람이 참여하는 일이었다.

제인 구달은 강연을 하는 틈틈이 자신이 겪은 일들과 세상 사람들에게 알리고 싶은 것들에 대해 글을 썼다. 제인 구달은 책을 통해서 더

많은 사람들과 생각을 나누었다. 또 책을 팔아서 번 돈으로 야생 동물 보호에 쓸 기금도 마련할 수 있었다.

제인 구달은 힘이 들 때마다 외할머니가 즐겨 외우던 구절을 떠올렸다.

'네게 살아갈 날이 있다면 살아갈 힘도 있다.'

오직 동물을 향한 열정과 순수한 사랑만으로 평생을 살아온 제인 구달은 이제 지구에 사는 모든 생명체를 위해 애를 쓰고 있다. 그리고 앞으로 자신 앞에 남아 있는 살아갈 날들 동안 더 따뜻한 마음으로 세상을 품어 갈 것이다.

시크릿 포인트 10
Secret Point

오래가는 행복을 위해 노력하라

우리는 언제 행복을 느낄까요? 진정으로 행복한 삶은 어떤 것이라고 생각하나요? 사람은 자기가 좋아하는 일을 하면서, 남에게도 떳떳한 일, 다른 사람을 위해 살 수 있을 때 행복을 느끼지요. 예를 들어 마침 돈이 생겨 정말 먹고 싶은 것을 살 수 있게 되었다고 생각해 보아요. 그것을 사기 위해 가게로 달려간다면 가는 동안도 행복하고, 먹을 때는 더욱 행복하겠지요. 그런데 먹을 것을 사러 가는 길에 불쌍한 사람을 만나 그 돈을 주고 말았다면 어떨까요? 불쌍한 사람을 돕느라 먹고 싶은 걸 먹지 못했을 때 정말 불행할까요?

자기 혼자 먹고 싶은 것을 실컷 사 먹었을 때 행복감은 그리 길게 가지 않아요. 소화되어 배가 꺼지면 사라지니까요. 그렇지만 어려운 사람을 위해 돈을 사용했을 때는 두고두고 행복해요.

제인 구달이 평생 한 일은 성공한 삶이 아니라고 할 수도 있어요. 밀림에서 침팬지를 연구하는 것은 돈을 많이 벌지도 못하고 명예를 얻는 일도 아니니까요. 그렇지만 제인 구달은 자신이 행복하다고 생각했어요. 자신의 꿈을 이루었고, 그 꿈이 지구에 사는 수많은 사람들과 동물들에게 도움이 되는 일이었으니까요.

여러분도 떳떳하게 할 수 있고, 여러 사람을 위해 좋은 일을 하며 살 수 있는 꿈을 가져 보아요. 그런 꿈을 이룬다면 오래 오래 행복할 거예요.

거장들의 시크릿 05
제인 구달 – 순수한 사랑과 열정으로 인생을 가꿔라

펴낸날	초판 1쇄 2008년 6월 28일
	초판 3쇄 2015년 1월 23일
지은이	이붕
그린이	권오현
펴낸이	심만수
펴낸곳	(주)살림출판사
출판등록	1989년 11월 1일 제9-210호
주소	경기도 파주시 광인사길 30
전화	031-955-1350 팩스 031-624-1356
홈페이지	http://www.sallimbooks.com
이메일	book@sallimbooks.com
ISBN	978-89-522-0836-1 74080
	978-89-522-0826-2 74080(세트)

※ 값은 뒤표지에 있습니다.
※ 잘못 만들어진 책은 구입하신 서점에서 바꾸어 드립니다.